RUEDIGER DAHLKE

Von der großen Verwandlung

GOLDMANN
Lesen erleben

Buch

Ruediger Dahlke spricht erstmals ganz offen über die letzte, die entscheidende Menschheitsfrage - das persönliche Überleben des Todes. Als Arzt und Kenner der menschlichen Seele konnte er in seiner langjährigen Praxis zahllose Erfahrungen sammeln. Aufgrund intensiver Forschungsarbeit kommt er zu der unerschütterlichen Überzeugung: Jeder Einzelne wird als Individuum nach dem Ablegen seiner Körperhülle weiterleben! Dieses einfühlsame Buch spendet allen Trost, die selbst oder bei ihren Angehörigen mit schwerer Krankheit und Tod konfrontiert sind. Es bietet aber auch allen Menschen mitten im Leben ein Verständnis des Sterbeprozesses und seiner geistigen Gesetzmäßigkeiten und die Klärung der Frage des Lebens nach dem Tod.

Autor

Dr. med. Ruediger Dahlke, Jahrgang 1951, Medizinstudium in München, Weiterbildung in Naturheilweisen und Psychotherapie. 27 Jahre als Psychotherapeut in München und Johanniskirchen tätig. 2009 feierte das von ihm mitbegründete Heil-Kunde-Zentrum Johanniskirchen 20-jähriges Jubiläum. Heute ist er als Fastenarzt, Seminarleiter und Vortragender international tätig. 2012 nimmt das von ihm mitgegründete Seminarzentrum TamanGa in Gamlitz in der Südsteiermark seine Arbeit auf. Seine Bücher zur Psychosomatik unter Einbezug spiritueller Themen wie „Krankheit als Symbol", „Depression - Wege aus der dunklen Nacht der Seele" oder „Krankheit als Sprache der Seele" sind Bestseller und liegen in 25 Sprachen vor. Die Trilogie der Bücher „Die Schicksalsgesetze - Spielregeln fürs Leben", „Das Schattenprinzip" und „Lebensprinzipien" stellen zusammen mit den zugehörigen CDs die Grundlage des ganzheitlich-spirituellen Weltbildes dar.
Weitere Informationen unter www.dahlke.at.

Im Goldmann Taschenbuch sind diese weiteren Werke von Ruediger Dahlke lieferbar:

Krankheit als Weg (21558)
Krankheit als Sprache der Seele (21813)
Das große Buch vom Fasten (21902)
Depression (21923)
Herz(ens)probleme (21952)
Die Psychologie des Geldes (21953)
Das Raucherbuch (21954)
Mandalas der Welt (22019)
Frauen-Heil-Kunde (15204)
Aggression als Chance (15416)
Lebenskrisen als Entwicklungschancen (16502)
Krankheit als Sprache der Kinderseele (15661)
Der Körper als Spiegel der Seele (17000)
Die Notfallapotheke für die Seele (17021)

Ruediger Dahlke

Von der großen Verwandlung

Wir sterben
... und werden weiterleben

Unter Mitarbeit von Margit Dahlke

GOLDMANN

Die Originalausgabe dieses Werks erschien 2011 mit dem Titel
„Von der großen Verwandlung“ im Crotona Verlag, Amerang.

Fotonachweise:
Seite 4: Shutterstock_342706 iwka / Seite 7: Shutterstock_1175964 Peter Clark
Seite 9, Seite 11 und Seite 13: Shutterstock_39444247 Geanina Bechea
Seite 17: Shutterstock_19978 Artifa / Seite 29: Fotolia_Frog 974 #9509007
Seite 45: NorthShoreSurfPhotos – Fotolia.com / Seite 51: Cernasite – photocase.com
Seite 61: Shutterstock_2003733 Soo Jen Ric Seite 65: Shutterstock_3603313 videowokart
Seite 75: Fotolia_ Gerhard Wanzenböck 18770062 Seite 85: Shutterstock_4359994
Lebedinski Vladislav / Seite 95: Shutterstock_641714 Igor Karon
Seite 101: Shutterstock_11606107 pjcross / Seite 113: Shutterstock_ 26432485
Anna Subbotina / Seite 121: Shutterstock_27330169 Eastimages / Seite 127: Shutterstock_18071923 viki2win / Seite 135: Shutterstock_36082237 John Said

MIX
Papier aus verantwortungsvollen Quellen
FSC® C014496
FSC www.fsc.org

Verlagsgruppe Random House FSC® N001967
Das für dieses Buch verwendete FSC®-zertifizierte Papier
München Super liefert Arctic Paper Mochenwangen GmbH.

1. Auflage

Ungekürzte Taschenbuchausgabe, Oktober 2013
Wilhelm Goldmann Verlag, München,
in der Verlagsgruppe Random House GmbH

Kammer 11 · D-83123 Amerang · www.crotona.de
Umschlaggestaltung: Uno Werbeagentur
Umschlagmotiv: Getty Images/Photodisc/Philip Nealey
WL · Herstellung: cb
Satz: EDV-Fotosatz Huber/Verlagsservice G. Pfeifer, Germering
Druck: GGP Media GmbH, Pößneck
Printed in Germany
ISBN 978-3-442-22036-6
www.goldmann-verlag.de

INHALT

Die Blätter fallen, fallen wie von weit,
als welkten in den Himmeln ferne Gärten;
sie fallen mit verneinender Gebärde.
Und in den Nächten fällt die schwere Erde
aus allen Sternen in die Einsamkeit.
Wir alle fallen. Diese Hand da fällt.
Und sieh dir andre an: es ist in allen.
Und doch ist Einer, welcher dieses Fallen
unendlich sanft in seinen Händen hält.

Rainer Maria Rilke

Meinem Schwiegertiger Michaela
in Liebe und Dankbarkeit

Für Heiner, der vorausgegangen ist
und die Tür aufhalten will….

Für Peter, der nicht so lange,
aber so mutig lebte…

Für Erich, der schon so früh
so lebensmüde war…

Für Herrmann, der mit Schwung gehen wollte
und es auch tat…

Für Katharina, die ihren Zauberberg
so früh bestieg…

und für alle, die noch bleiben!

C.G. Jung: „Ich bin als Arzt überzeugt, dass es sozusagen hygienischer ist, im Tod ein Ziel zu erblicken, nachdem gestrebt werden sollte, und dass das Sträuben dagegen etwas Ungesundes und Abnormes ist, denn es beraubt die zweite Lebenshälfte ihres Zieles. Ich finde deshalb alle Religionen mit einem überweltlichen Ziel äußerst vernünftig vom Standpunkt einer seelischen Hygiene aus gesehen… Es wäre also vom seelenärztlichen Standpunkt gut, wenn wir denken könnten, dass der Tod nur ein Übergang sei, ein Teil eines unbekannt großen und langen Lebensprozesses."[1]

1 Aus: Seele und Tod, Olten 1982, S. 455.

ÜBER DEN TOD

Ihr möchtet dem Tod entlocken sein Geheimnis
Doch wie wollt ihr es finden, wenn ihr nicht im Herz des Lebens danach sucht?
Die Eule, deren Blick allein die Nacht durchdringt, vermag vom Glanz des Lichts den Schleier nicht zu heben.
Wenn ihr den Geist des Todes wahrhaft wollt erforschen, öffnet dem Geist des Lebens weit das Herz.
Denn so, wie Fluss und Meer in Wahrheit eines sind, sind es Leben auch und Tod.

In den Tiefen eurer Hoffnungen und Wünsche liegt das verborgne Wissen um die Anderwelt;
Und wie der Samen träumt unter dem Mantel weiß von Schnee,
So träumt in euren Herzen ihr von Frühlingssonne.
Vertraut auf eure Träume, denn sie sind die Hüter jenes Tors zur Ewigkeit.
Eure Todesangst gleicht nur des Hirten Zittern im Angesicht des Königs,

Dessen Hand jedoch als Anerkennung ruht auf ihm voll Güte.
Bebt nicht der Hirte zitternd noch voll Freude,
Dass er des Königs Wertschätzung erfuhr?
Ist es ein wissentliches Schauern nicht?

Denn was ist Sterben anderes, als nackt im Wind zu stehen und in der Sonne Strahl zu schmelzen.
Und wenn der Atem stockt, empfängt er die Befreiung aus der ruhelosen Flut des Lebens,
Damit er steige, wachse und zur Gottessuche sich begebe ohne Lasten.

Erst wenn ihr aus dem Fluss des Schweigens habt getrunken,
Werdet das rechte Lied ihr anfangen zu singen.
Wenn ihr des Berges Gipfel habt erklommen,
Könnt ihr den wahren Anstieg erst beginnen.
Erhebt die Erde Anspruch dann auf eure Hülle der Vergänglichkeit,
Steigt ihr empor zu neuem Tanz.[2]

---

2 Kahlil Gibran – Der Prophet (Dt. Übers. von Peter Michel).

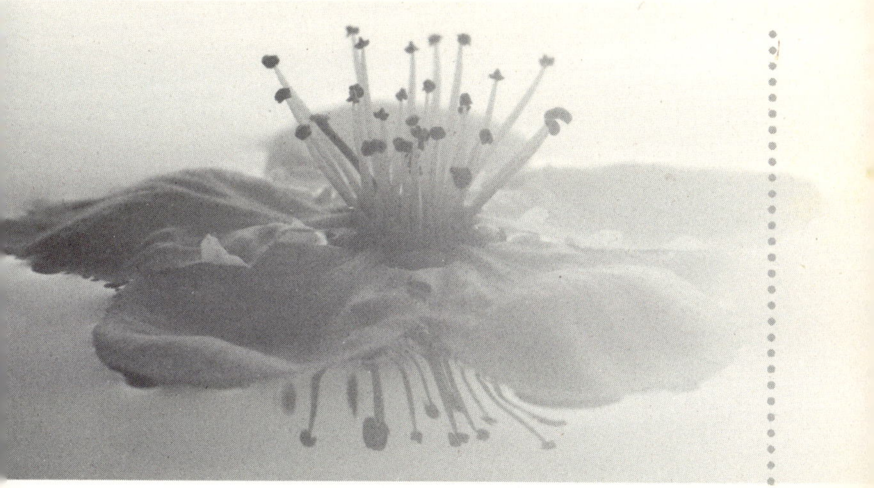

VOM LEBEN UND STERBEN

Wer das Leben gelebt hat,
wird das Sterben annehmen,
wie den Abstieg nach einer Bergtour.

Über Leben und Sterben zu schreiben, heißt über alles zu schreiben. Mir drängt sich dieses Thema schon länger auf; denn die besten Freunde hatten ihre Lebenskerze an beiden Enden angezündet und mich früher als erwartet und nachdenklicher zurückgelassen. Meine Groß(e)Mutter hat uns schon länger und mit einem Lächeln auf den Lippen verlassen. Sie hatte mir oft gedroht, nicht sterben zu können, weil ich meinen Doktor nicht machte. Entspannt hatte ich entgegnet, sie sowieso noch lange behalten zu wollen. Als ich dann die Dissertation doch abschloss, rief ich sie am Morgen der Pro-Forma-Prüfung an, um ihr die freudige Nachricht zu übermitteln. Oma Änne aber sagte, ich solle erst mal wirklich hingehen und alles sicher bestehen, sie war schließlich einiges mit mir gewohnt. Als ich ihr zwei Stunden später den Vollzug melden wollte, hob sie nicht ab, und ich wunderte mich sehr, denn es war ihr doch so wichtig gewesen. Etwas später rief mich mein Vater an und teilte mir mit, dass seine Mutter, meine Groß(e) Mutter, vor einer Stunde lächelnd in ihrem Lehnstuhl für immer eingeschlafen sei. Sie hatte genau bis zum Ende meiner „Prüfung" gewartet. Und ich blieb mit einem eigenartigen Gefühl zurück, mit ihr eher mehr verbunden als zuvor. Ihr Sohn, mein Vater, ist ihr einige Jahre später auf seine nüchterne „naturwissenschaftliche" Art gefolgt und wollte selbst diesen letzten Übergang empirisch erforschen.

Während ich dieses Buch schreibe, verabschiedet sich Michaela, mein Schwiegertiger, auf ihre ebenso typische wie rührende Art von uns mit Anekdoten, die noch lange lebendig bleiben und von einem besonderen Leben zeugen werden. So bin ich dankbar, mich mit Hilfe und angeregt durch meine „Vorgänger" diesem letzten großen Thema gedanklich widmen zu dürfen.

Zum Verständnis des Daseins muss man die Regeln kennen, um erfolgreich am Spiel des Lebens teilzunehmen. Wer die „Schicksalsgesetze" erkennt und den Spielcharakter des Lebens durchschaut, ist mit der Kenntnis des Polaritäts- und des Resonanzgesetzes auf gutem Weg. Ihm wird notwendigerweise auch das „Schattenprinzip" begegnen und als Gegenpol zum Leben das Sterben, die Schattenseite unserer Welt. Wer das von vornherein akzeptiert, hat auch für diese andere Seite unserer Existenz gute Aussichten.

Eine der besten Vorbereitungen auf Sterben und Leben zugleich erscheint mir die Auseinandersetzung mit der Schattenwelt bereits im Leben, wie es die Helden der Antike vorgelebt haben, die allesamt in die Unterwelt des Hades abstiegen, um sich anschließend in der Oberwelt besser zurechtzufinden. Ob wir Odysseus nehmen, der im Orkus dem blinden Seher Teiresias begegnen musste, oder Herakles, der zuerst noch den Höllenhund Cerberus, heute so respektlos „innerer Schweinehund" genannt, zu besiegen hatte, bevor er Hades konfrontieren konnte. Das „Schattenprinzip“ wird so zur Ergänzung der „Schicksalsgesetze“ und zum Leitfaden in die Welt der eigenen Schatten. Es stellt, wie jede Sterbebegleitung, mehr Lichtarbeit dar als süßliches Licht-Getue.

Unser Problem mit dem Sterben lässt sich gut am Leben und Sterben der diesbezüglich bedeutendsten Spezialistin, Elisabeth Kübler-Ross, erkennen. Wohl keine Ärztin hat in unserer Zeit so viel Bewusstheit im Hinblick auf den Tod erweckt. Begonnen hat sie ihren ärztlichen Weg als Landärztin in der Schweiz. Erst später, in den USA, machte sie die Sterbeforschung salonfähig und erlangte dadurch wissenschaftlichen Weltruf. Im Alter – angetrieben von ihrem unstillbaren Bedürfnis zu helfen und der unbeugsamen Ehrlichkeit gegenüber ihren Forschungsergebnissen – hat sie den Bogen noch weiter gespannt, bis in Bereiche jenseits des Sterbens und des Todes. Damit aber hatte sie für viele Wissenschaftler den Bogen überspannt. Weil nicht sein kann, was nicht sein darf, mochte man ihr nicht mehr folgen und verwarf zum Teil dann auch Dinge, die vorher schon längst akzeptiert waren. So war sie immer unbequem für ihre wissenschaftlichen Kollegen, und manchmal konnte man sich des Eindrucks nicht erwehren, sie setzten ihr Ehrendoktorhüte (ca. 20!) auf, um ihr anschließend nicht folgen zu müssen. Wohl kaum ein Forscher hat so viel Anerkennung erhalten bei so konsequenter Ignorierung seiner Ergebnisse in der alltäglichen Klinikpraxis des Sterbens. Dass viele ihr nicht folgen konnten auf ihren weiten Ausflügen in jene unheimlichen Bereiche jenseits der Schwelle des Todes, ist eine Sache, die mehr über die Vielen als über die Autorin sagt. Die Vielgeehrte wurde manchmal gar als verrückt abgestempelt, was wohl der einfachste Weg war, um sich nicht mit ihren Forschungsergebnissen auseinandersetzen zu müssen. Besonders für die zumeist ängstlichen Gemüter im medizinischen Wissenschaftszirkel war das jener verlockende Ausweg, auf dem man schon versucht hatte, so große Geister wie Ignatz Semmelweis und Wilhelm Reich loszuwerden. Bis heute hat das Gerichtsurteil Gültigkeit, dass jede Forschung im Bereich der von Reich entdeckten Orgon-Energie in den USA unter Strafe stellt. Das ist die Methode der Angst, die sich gern hinter Paragraphen verschanzt.

Als Sterbeforscherin machte Elisabeth Kübler-Ross aber nicht nur durch ihr Forschungsgebiet, sondern vor allem auch durch ihre radikale Menschlichkeit und Lebendigkeit Angst. Mit ihrem Versuch, aidskranken und damals todgeweihten Kindern jedweder Hautfarbe in ihrem eigenen Heim ein Zuhause zu schaffen, hat sie ihre Nachbarn in der amerikanischen Provinz so verängstigt, dass sie ihr das Haus niederbrannten. Wissenschaftler wissen ihre Angst subtiler zu bemänteln, und manchmal hängte man ihr auch das Mäntelchen einer Heiligen um, die so weit über anderen stand, dass es gar keinen Zweck hatte, ihr nachzueifern. Oder man schob ihre Vorstellungen in die Ecke idealistischer Versponnenheit, gut gemeint, aber nicht zu realisieren. Dabei hat sie beeindruckend vorgelebt, wie so Vieles sogleich zu verwirklichen war. Ihre Wissenschaft hatte immer sehr schnell praktische Konsequenzen und war nie in jenem elitären Elfenbeinturm angesiedelt, den manche ihrer Kollegen, die die Praxis in den Universitätskliniken bestimmen, zeitlebens nicht verlassen.

So kam es, dass Elisabeth Kübler-Ross – wie übrigens auch der andere große Geist auf diesem Gebiet, Raymond Moody – die Mehrheit ihrer Anhänger schließlich außerhalb wissenschaftlicher Kreise hatte. Ihr Wirken, das im Bewusstsein der Wissenschaftler ganz um Sterbende kreiste, hatte vor allem Auswirkungen auf die Lebenden. Das Forschungsgebiet des Todes mit Gefühlen zu verbinden, verletzte wesentliche Tabus der herrschenden Universitätsmedizin. Zum Schluss war sie so dem Buddhismus näher als der Zunft jener Wissenschaftler, die peinlich bemüht sind, alle Gefühle und Emotionen aus ihrer Arbeit zu verbannen, um objektive Ergebnisse zu erzielen, die meist wenig mit den fühlenden Wesen zu tun haben, sondern mehr auf Patente und wissenschaftliche Anerkennung zielen.

Wir verdanken es Frau Kübler-Ross, dass Sterben überhaupt wieder zum Thema der Wissenschaft wurde. Laut Umfrage glaubt die große Mehrheit der Deutschen schon gar nicht mehr daran, sterben zu müssen. Auf die Frage, ob sie lieber zu Hause oder in der Klinik sterben wollen, antworteten nämlich 93% der Befragten Deutschen sinngemäß: „Wenn schon, dann zu Hause!" Dieses „Wenn schon, dann....." muss wohl als Zeichen erheblicher kollektiver Verdrängung gedeutet werden, will man nicht von Verblödung ausgehen. Fast überflüssig zu erwähnen, dass über 90% der Großstädter – entgegen ihrem in der Umfrage erklärten Willen – in Kliniken sterben.

Elisabeth Kübler-Ross trat leidenschaftlich dafür ein, den Wunsch nach Sterben im eigenen Heim zu erfüllen, vor allem den Sterbenden, aber auch ihren Angehörigen zuliebe. Sie selbst erlebte – bei allem wissenschaftlichen Engagement – die Begleitung von Sterbenden als zutiefst beglückend. Dass diese Möglichkeit sich trotz allen Engagements nur so schleppend durchsetzen lässt, hat nicht nur mit der Angst der Angehörigen zu tun, sondern auch mit jener der niedergelassenen Mediziner. Sterben muss denjenigen, die angetreten waren, es zu verhindern, als Niederlage erscheinen. In dieser Hinsicht zu klassischen Verlierern erzogen, vermeiden sie es in der Regel lieber, Zeugen der eigenen Niederlage zu werden, und weisen die Patienten „rechtzeitig“ in Kliniken ein, wo die Niederlage wenigstens hinter verschlossenen Türen stattfindet. Die dortigen Mediziner schützen sich in der Regel durch Abwesenheit im entscheidenden Moment vor der Erkenntnis der Niederlage und der Erinnerung an die eigene Sterblichkeit.

Sterben ist in deutschen Krankenhäusern im Allgemeinen noch immer eine schreckliche Erfahrung. Was sich im Gefolge der Arbeit von Elisabeth Kübler-Ross und der Hospiz-Bewegung als Alternative zum Abgeschobenwerden ins Badezimmer und auf den Gang entwickelt hat, ist zwar wundervoll, aber doch nur ein Tropfen (hoffentlich der erste und nicht der letzte!) auf den berühmten heißen Stein. Die Mehrheit der Patienten landet in Klinik-Mehrbettzimmern, wo schon die anderen Patienten dafür sorgen, dass sie zum Sterben hinausgeschoben werden.

Der Schlusspunkt unter dem beeindruckenden Leben der großen Sterbeforscherin zeigt, wie schwer diese ganze Thematik zu bewältigen ist. Elisabeth Kübler-Ross konnte ihre Erkenntnisse auf ihren eigenen Tod kaum anwenden und geriet zum Lebensende, nach einem Schlaganfall, in eine schreckliche Situation des Widerstandes, die ihren vielen Anhängern schwer zu schaffen machte und natürlich Wasser auf die Mühlen ihrer Gegner war. Aber anstatt dieses persönliche Scheitern am eigenen Anspruch zu nutzen, um ihre Arbeit rückwirkend zu entwerten, könnten wir daran vielmehr sehen, wie schwer die Thematik für westliche Menschen ist. Elisabeth Kübler-Ross' Werk bleibt ein wundervoller Schritt in die richtige Richtung, das Sterben mit dem Leben zu versöhnen.

DER MODERNE TOD

„Um den Tod nie zu fürchten,
denke ich ständig an ihn."

Seneca

Nicht einmal der Tod erscheint heute mehr zeitlos. Wo frühere Versuche, ihn zu überlisten, wie sie in der Literatur etwa im „Jedermann“ oder „Der Brandner Kasper“ Ausdruck fanden, regelmäßig fehlschlugen, erscheint das heute durchaus möglich und stellt seine Rolle infrage. Auch der Tod ist für die moderne Medizin längst nicht mehr das, was er einmal war, nämlich unumstößlich und unbesiegbar. Die Vorstellung, seiner Herr zu werden, passt dabei bestens zur modernen Macher-Ideologie, die sich gerne selbst zum Maß aller Dinge macht. Aber selbst wenn wir dem Tod heute noch in letzter Minute einige Organe entreißen können, um sie anderen Sterbenden einzupflanzen, die wir damit gleichsam endgültig vom Sterben bewahren wollen, ist seine Macht bei genauerem Hinsehen doch ungebrochen. Auch in den USA, wo sich zunehmend Menschen buchstäblich in letzter Minute lieber einfrieren lassen, als Gevatter Tod in Würde zu begegnen, bleibt natürlich die Frage, ob das als wirklicher Sieg zu bezeichnen ist oder nicht doch eher als eine besonders klägliche Form des absichtlichen Sterbens, wenn man schon nicht von Selbstmord sprechen will. Diese Menschen umgehen jedenfalls das Euthanasie-Verbot auf fragwürdigem Weg. Dabei ist unklar, ob die Seelen Jahrzehnte oder gar Jahrhunderte neben den mit flüssigem Stickstoff gefüllten High-Tech-Särgen ausharren, bis ihre Behausungen eines fernen Tages wieder aufgetaut werden. Die Körper jedenfalls liegen in an Schlafsäcke erinnernden Plastik-Behältnissen in Eisesstarre, um auf bessere Zeiten zu „warten". Dieses Thema ist insgesamt so grausig und abschreckend, dass es nicht einmal Bilder oder Dokumentarfilme über dieses besonders deutliche Ende des Lebens gibt.

Da auch auf modernsten Intensivstationen keine wirklichen finalen Siege über den größten Feind moderner Menschen im Allgemeinen und heutiger Mediziner im Speziellen zu feiern sind, haben wir eine andere Strategie entwickelt. Wir verdrängen den Tod und schieben ihn so weit es irgend geht aus unserem Gesichtsfeld, übersehen dabei aber die großen Chancen, die dieser letzte Übergang des Lebens zu bieten hätte. Da wir mit allen Übergangsphasen, beginnend bei der Empfängnis über Geburt, Pubertät und Wechseljahre bis hin eben zum Tod, heute Probleme haben, mag das kaum mehr auffallen. Immer weniger modernen Menschen erscheint der Tod jedenfalls als Lösung oder gar Erlösung, sondern vielmehr als Ende und Horror.

Das Problem dabei ist, wie bei allem Verdrängten, dass er dadurch im Schattenreich nur umso aktiver wird. So taucht er wieder auf, wo wir ihn am wenigsten vermuten würden – in der freien und damit angeblich schönsten Zeit des Tages, am Feierabend. Eine Mehrheit erlebt ihn täglich, dramatisch und zur besten (Sende-)Zeit. Im Mehrheitsmedium Fernsehen tobt er auf möglichst spektakuläre Weise auf allen Kanälen durch die Wohnzimmer und feiert seine ungezählten, zum größten Teil gewaltsam-grausamen Auftritte.

Wenn er sich so durchs Hintertürchen einschleicht, geschieht es doch für den Fernsehbürger auf eher wenig beunruhigende Weise. Immer wieder und meist gleich mehrmals pro Film kann der sich beruhigt zurücklehnen und denken: „Das kann mir ja alles nicht passieren!“ Weder muss er damit rechnen, von den Maschinengewehrsalven irgendwelcher Mafiosi durchsiebt zu werden, noch wird er bei einer Autojagd von der Golden-Gate-Bridge stürzen oder bei einer Verfolgung durch fremde Agenten auf der Strecke bleiben. Niemand wird ihn aus einem fliegenden Hubschrauber werfen, und auch Urweltsaurier dürften ihn kaum zerfleischen. Die ausgefallensten und spektakulärsten Katastrophen mit Todesfolge überschwemmen via Bildschirm die Wohnstuben. Wer sich über Jahre und Jahrzehnte allabendlich solche Szenen zu Gemüte führt, wird am Ende des Lebens mit vielen zigtausend konfrontierten Todesbildern im letzten Gepäck doch fürchterlich unvorbereitet an der Schwelle zum Totenreich stehen. Hier soll dem Fernsehen keine Schuld zugeschoben werden, es ist nur Erfüllungsgehilfe des Schattens, der bei einer Überarbeitung der Programme mit Sicherheit andere Wege finden würde, sich in unser Bewusstsein zu stehlen, genau so lange, bis wir ihn freiwillig einladen.

Dass der Tod in den letzten beiden Jahrzehnten durch die Transplantationsaktivität wieder in den Mittelpunkt ärztlichen Interesses gerückt ist, lässt sich als Ergebnis des Polaritätsgesetzes erklären. So werden jedenfalls junge Sterbende bzw. ihre noch funktionierenden Einzelteile wieder wichtig. Bezeichnenderweise werden von der Pharmaindustrie, die die für Transplantationen nötigen Medikamente, wie beispielsweise Immunsuppressiva, produziert, Ärzte-Seminare gesponsert, bei denen Kollegen lernen sollen, wie man den Angehörigen am effektivsten die Zustimmung zur „Ausschlachtung“ entlockt. Wer aber sollte bei uns Seminare für Sterbebegleitung sponsern? Zum Glück haben Initiativen wie die Hospiz-Bewegung oder eben Elisabeth Kübler-Ross diesbezüglich Pionierarbeit geleistet, und so finden sich auch einige wenige Kollegen, die in eigener Initiative und ohne Sponsoring daran teilnehmen.

Es ist leicht, das Transplantationsgeschehen als Horrorszenario darzustellen, aber wir sollten uns doch klarmachen, dass es dem Wunsch moderner Patienten entspricht. Die Ärzte werden hier zu Erfüllungsgehilfen des Zeitgeistes, der den Tod bekämpft und ihm noch lieber Einzelteile entreißt, als ihm in Würde zu begegnen. Durch Organverpflanzungen werden tatsächlich viele Leben verlängert, und für viele Schwerstkranke sind sie die einzige Überlebenschance. Das Makabre ist dabei, dass wir immer mehr Organe für immer mehr Patienten benötigen und gar nicht mehr genug junge Menschen (z.B. im Verkehr) sterben, um diesen Bedarf zu decken. So fordern Mediziner, und das sehr wohl im Namen ihrer Patienten, mehr Organe und damit mehr Leichen. Tatsächlich wollen viele Mediziner „bessere" Gesetze, die mehr Organentnahmen ermöglichen, wie etwa in Österreich, wo jeder automatisch Organspender ist, falls er sich nicht vorher definitiv dagegen entschieden hat und das auch im Pass eintragen ließ.

Auch hier ist die Verdrängung des Todes hinderlich, denn nicht einmal 5 % der Bevölkerung geben zu Lebzeiten ihre Einwilligung zu späterer etwaiger Organentnahme. Die allermeisten schieben das Thema genauso weit von sich wie die ganze Sterbeproblematik. Aber aus demselben Grund wird natürlich in Österreich vom Widerspruch zur Organentnahme kaum Gebrauch gemacht. Insofern leitet hier die allgemeine Verdrängung des Todes-Themas viele Organe auf die Mühlen der Transplantationsmediziner. Wer nicht daran glaubt, sterben zu müssen, und sich gleichsam unbewusst für unsterblich hält, wird selbstverständlich seine Organe weder freigeben noch ausdrücklich zurückhalten.

Hinzu kommt, dass wir heute gar nicht mehr definieren können, wann ein Mensch tot ist. Der Herzstillstand als früheres Todeskriterium musste mit den Errungenschaften der Hightech-Medizin längst aufgegeben werden. Der Hirntod aber ist nicht unproblematisch, denn Menschen sind auch nach Ausfall aller EEG-Signale wieder zurückgekommen, etwa nach schweren Barbiturat-Vergiftungen oder nach Ertrinken in eiskaltem Wasser. Tatsächlich ist das ja auch genau die Hoffnung derjenigen, die sich einfrieren lassen auf ihrer Flucht vor Gevatter Tod. Selbstverständlich haben all die Tausenden in ihren Kältesärgen keine Gehirnaktivität mehr, und genauso selbstverständlich dürfte man ihnen trotzdem keine Organe entnehmen.

Die entscheidende Frage, wann der Mensch wirklich tot ist, lässt sich heute genauso wenig klären, wie die andere, wann er zu leben beginnt. Der Grund ist simpel und die Frage einfach falsch gestellt. Aus Sicht der spirituellen Philosophie beginnt das Leben weder mit der Empfängnis noch endet es mit dem Tod, sondern es ist. Die unsterbliche Seele nimmt das Körperhaus mit der Empfängnis in Besitz und verlässt es am Ende wieder. Wann das aber genau geschieht, lässt sich mit naturwissenschaftlichen Methoden wohl nie ganz sicher herausfinden. Es allgemeinverbindlich zu definieren, bleibt letztlich immer unmöglich. Das aber spiegelt wie wenig anderes die Probleme der modernen Medizin im Umgang mit Leben und Sterben wider. Aus Sicht der hermetischen Philosophie lässt sich dann aber doch einiges genauer fassen, wie ich es in einem späteren Kapitel, ausgehend von den Erfahrungen in dreißig Jahren Reinkarnations-Therapie, auch tun möchte.

Trotz all dieser Unsicherheit wird tagtäglich in unseren Kliniken transplantiert. Über tausend Menschen konnten im letzten Jahr in Deutschland „ausgeweidet" werden, und weit mehr profitierten im Sinne eines Aufschubes ihres Todes davon. Alle Worte, die wir in diesem Zusammenhang verwenden, klingen schrecklich für unsere Ohren, stammen sie doch aus dem Metzger- oder Jägerhandwerk. Mit beiden Bereichen wollen Mediziner nichts gemein haben. Aber auch im juristischen Bereich müssen sie erleben, wie der Gesetzgeber anfängt, ihnen eigenartige Auflagen zu machen, die darauf hindeuten, dass er ihrem Jagdfieber auf der Suche nach Organen misstraut. Um „Interessenkonflikte" zu vermeiden, dürfen so niemals dieselben Mediziner, welche die Organentnahmen vornehmen, auch den Tod des Spenders feststellen. Tatsächlich sind die Kollegen der Entnahme-Teams auf alle Fälle in einem Interessenkonflikt, denn entgegen ihrer sonstigen ärztlichen Tätigkeit müssen sie auf das baldige Sterben hoffen, um aktiv werden zu können. Die juristische Regelung besagt auf ihrer Schattenseite, dass der Gesetzgeber offenbar Angst hat, dass Ärzte von sich aus zu früh den Tod feststellen könnten, um schneller an die benötigten Organe zu kommen. Das ist an sich eine ungeheuerliche Annahme, die den ärztlichen Stand zutiefst beleidigen müsste. Es hat sich aber – meines Wissens – bisher kaum jemand darüber aufgeregt, nicht einmal die sonst recht empfindlichen Standesvertreter. Das dürfte wiederum daran liegen, dass wir über diesen ganzen Bereich des Lebensendes am liebsten nicht nachdenken, sondern ihn tunlichst in der Verdrängung belassen.

Hier zeigt sich der brutale Schatten der Lebenslust, des hauptsächlichen Inhalts des modernen Lebens. Extrem grässlich wird das Ganze, wo einerseits Geldmacht und immer früheres Krankheitselend zu erhöhtem Organbedarf führen. Eine im tiefsten Schatten verharrende Diktatur andererseits, wie etwa die rotchinesische, lässt sich zu unmenschlichen Deals verleiten. Ein Organ, wie beispielsweise eine Niere, ist inzwischen auf dem Schwarzmarkt ca. 50.000 US-Dollar wert. Seit langer Zeit lässt deshalb das chinesische Regime zum Tode Verurteilte schon zu Lebzeiten auf ihre Blut- und Gewebefaktoren typisieren und dann auf Bestellung hinrichten. So werden frischeste „Organspenden" möglich. Da sich das so bewährt hat – ein einzelner Gefangener kann durch Mehrfach-Organ-Entnahmen bis zu 200.000 Dollar bringen – ging man im früheren Reich der Mitte einen schrecklichen Schritt weiter aus der Mitte hinaus. Weil auch die Organe der – nach westlichen juristischen Vorstellungen – unglaublich leichtfertig zum Tode Verurteilten knapp wurden, erschloss man sich eine weitere Organ-Quelle. Zu Hunderttausenden in Lager verschleppte Falun Gong-Anhänger, die sich einer einfachen Form von Körper-Übungen im Sinne des Tai Chi „schuldig“ gemacht hatten, wurden offenbar typisiert und dann nach Bedarf lebend ausgeschlachtet. Es gibt inzwischen Berichte von Geflohenen über solche unglaubliche Praktiken, außerdem lassen die extrem hohen Transplantationszahlen in China wenig andere Deutungsmöglichkeiten zu.

An so etwas wollen wir nicht denken oder nicht erinnert werden. Wir wollen das gar nicht glauben. Das sind Verbrechen gegen die Menschlichkeit aus dem tiefsten Schatten. Zudem geschieht es weit weg – und was haben wir überhaupt damit zu tun?

Leider einiges. Solche Preise für Organe zahlen eben nur reiche Menschen aus der vergleichsweise reichen Welt, die sowieso nicht wissen wollen und dürfen, wo ihr Organ herkommt. An diesem Elend wirken ausgebildete Mediziner mit. Das Ausschlachten mag noch einfacher sein, transplantieren aber müssen Profis. Hier spiegelt sich in grauenhafter Weise unsere moderne Angst vor dem Sterben, die vor grässlich unmenschlichen Szenarien die Augen verschließt.

Diese Art von Schatten diskreditiert im Übrigen keineswegs die ganze Transplantationsmedizin. Wer würde nicht bei der Wahl zwischen Blindheit und Hornhautspende letztere wählen, wenn er ehrlich ist. Wenn Steve Jobs, der Apple-Begründer, dank einer gespendeten Leber wieder für einige Zeit auf die Bühne (des Lebens) zurückkehren konnte, ist das einfach wundervoll, und auch Niki Lauda, der österreichische Auto- und Flugzeugheld, lebt seit langem mit Spendernieren. Er ist ein beliebter und offenbar geliebter Mensch. Die erste Niere bekam er von seinem Bruder, die nächste von seiner Frau, die ihm obendrein noch Zwillinge schenkte.

Wenn sie ehrlich sind, würden sich die meisten modernen Menschen im Ernstfall für ein Spenderorgan entscheiden. Aber was tun, wenn auf dem offiziellen „Markt" das Angebot nicht reicht und man zu lange nichts abbekommt. Das ist der nachvollziehbare Vordergrund hinter den oben angedeuteten unvorstellbaren Horrorszenarien aus dem fernen China.

KONSEQUENZEN

Kommen und Gehen -
zwei Seiten einer Medaille.

Auf den Ebenen, auf denen sich unsere Gesellschaft mit dem Sterben und den damit verbundenen Problemen auseinandersetzt, gibt es offenbar keine befriedigenden Lösungen. Um mehr Tiefe in die Betrachtung zu bringen, ist es naheliegend, sich auf die alten Weisheitslehren zu beziehen. Fast alle religiösen Traditionen dieser Erde gehen von einem Weiterleben des Bewusstseins oder der Seele nach dem Tod aus. Selbst Wissenschaftler, die sich mit Nach-Tod-Zuständen beschäftigen, kommen heute zu ähnlichen Schlüssen und belegen, dass ein Fortleben der Seele im Sinne des Tibetischen oder Ägyptischen Totenbuches wahrscheinlich ist. So scheint es mir wichtig, in die verfahrene und von Verdrängung gekennzeichnete Situation neue Denkanstöße zu bringen, die sich aus spiritueller Sicht geradezu aufdrängen.

Selbst wenn wir den Tod im geschichtlichen Zusammenhang betrachten, fällt auf, wie sehr die Angst vor ihm ein Kind unserer Zeit ist. In früheren Zeiten gehörte der Tod zum Leben und war ungleich selbstverständlicher, zumal es auch weniger Möglichkeiten gab, ihn zu bekämpfen. Er wurde sogar im religiösen Sinn als Erlösung aus dem Jammertal eines beschwerlichen Erdenlebens gesehen. So war er deutlich weniger beängstigend und wurde manchmal geradezu ersehnt, wie heute noch in archaischen oder vom Kastenunwesen geplagten Kulturen. Menschen, die wenig Chancen sahen, dem Tod ein Schnippchen zu schlagen, versuchten natürlich auch weniger, ihn zu bekämpfen. Aus dem religiösen Wissen, dass er letztlich nicht zu besiegen ist, versuchten viele, sich ihm zu ergeben. Andererseits gibt es aber auch genug Zeugnisse früher Angst vor dem Sterben. Die Ergebenheit war wohl eher das Thema der chancenlosen Mehrheit. Kirchliche und weltliche Fürsten versuchten mit Hilfe von Alchemisten und allerlei Wunder- und Zaubermitteln, Jungbrunnen und Wallfahrten den Tod außen vor zu halten. Aber auch die Bauern setzten noch gern auf eine Art von „Sitzbett“, weil das Gerücht ging, Gevatter Tod könne nur im Liegen zuschlagen. Auch wenn der französische Forscher Philippe Aries betont, dass auch hierzulande bis zum 17. Jahrhundert die Angst vor dem Tod eher unbekannt war, gibt es doch schon recht frühe Zeugnisse für sie. Wahrscheinlich ist diese Angst doch eher sehr alt und die Urangst des Menschen überhaupt.

In Gesellschaften mit spiritueller Tiefe, wie etwa der tibetischen oder auch einigen indianischen, ging es beim Sterben vor allem darum, die Hinübergehenden entsprechend auf den Übergang vorzubereiten und für die Zeit danach auszurüsten. Der Tod an sich galt als unantastbar. Vor solchem Hintergrund sind auch zahllose Grab-Beigaben zu deuten, die wir fast überall auf der Welt finden. Der Tod fand in diesen frühen Zeiten offenbar viel öffentlicher statt und wurde in die Mitte und nicht an den Rand des gesellschaftlichen Lebens gestellt.

Jene geradezu paranoide Angst vor dem Sterben, die uns Modernen heute fast normal erscheint und die erwähnten schrecklichen Schatten-Szenarien heraufbeschwört, entstand wohl erst mit der Aufklärung und dem Beginn der Wissenschaft.

Durch die religiöse Einbettung hatten die Menschen früherer Zeiten noch Vorstellungen oder jedenfalls Ahnungen, was weiter mit ihnen geschehen würde, wenn ihre Seele den Körper für immer verlässt. Ähnlich wie bei den Tibetern bis heute, gab es damals auch in unserer Kultur die Ars moriendi, die „Kunst des Sterbens“. Auch wenn wir heute dieses religiöse, vor allem von Bildern getragene Werk naiv finden, konnte es seinerzeit Orientierung geben.

EINE KULTUR DES STERBENS

Jedes Ende ist Neuanfang –
auf einer anderen Ebene.

Heute entwickelt sich ein massives Problem, denn immer weniger Menschen sind von ihrer Religion oder ihrem spirituellen Weltbild her in der Lage, den Übergang des Sterbens zu verstehen und sich ihm entsprechend hinzugeben. Ein gut vorbereiteter Mensch wird weder erschrecken noch den Weg verweigern, sondern – wie ein Indianer – auf den Spuren seiner Ahnen den Weg in die ewigen Jagdgründe finden. Insofern liegt hier eine große Aufgabe und Verantwortung.

Wer dagegen kein Konzept vom Sterben als Übergang zu einer neuen Dimension hat, wird irritiert durch die weiterbestehende sinnliche Wahrnehmung, die oft zu der Illusion führt, noch am Leben zu sein. Die unsterbliche Seele verfügt über keinen Körper mehr und kann so nicht mehr wie gewohnt ins Geschehen eingreifen; ihre sinnliche Wahrnehmung aber bleibt vollkommen intakt. Der Theosoph Leadbeater sagt dazu: „…der Mensch bleibt nach dem Tode genau das, was er vorher war – derselbe in Bezug auf Intellekt, derselbe was seine Eigenschaften und Kräfte anbetrifft.“ [3] „Die Leidenschaft des Menschen, seine Zuneigungen, seine Gemütsbewegungen und sein Intellekt werden nicht im geringsten beeinflusst, wenn er stirbt; denn es gehört nichts von all dem dem physischen Körper an, den er abgelegt hat. Er hat seine Hülle abgestreift und lebt in einer anderen; aber er ist immer noch befähigt, wie früher zu denken und zu fühlen.“[4]

Darauf unvorbereitete Seelen bleiben in dieser Hilflosigkeit, alles wahrnehmen, aber nichts mehr tun zu können, häufig in der Nähe ihres ehemaligen Körpers. Oft wird erst die Beerdigung oder vielleicht sogar das „Ausschlachten“ zum Zwecke von Organentnahmen zu einem Verstehen der eigenen Situation führen. So

3 Charles W. Leadbeater, Das Leben in der geistigen Welt, Grafing 2000, S. 19.
4 Ebd., S. 21.

kann die Seele lange am Körper hängen bleiben, entweder weil die sogenannte Silberschnur, die energetische Verbindung zwischen physischem und astralem Leib, noch gar nicht durchtrennt ist oder weil sie aus Orientierungsmangel ihren weiteren Weg nicht findet. So mag die Übergangszeit zu einer grässlichen Qual werden, was die Bilder vom Fege- oder Läuterungsfeuer, wie es verschiedene Kulturen beschreiben, gar nicht so abwegig erscheinen lässt.

Bei Einführung von Sterbebegleitung auf breiter Basis würden die hier tätigen Menschen schon recht bald gerade beim Sterben die spirituelle Dimension des Lebens entdecken. Elisabeth Kübler-Ross gab ein wunderbares Beispiel dafür. Aus solch einem Ansatz könnte sich dann vielleicht auch bei uns wieder eine „Kultur des Sterbens" ergeben, die sich mit der Zeit wohl immer mehr jenen Tiefen nähern würde, welche die tibetische und die alte ägyptische Kultur in ihren Totenbüchern schon erreicht hatten oder die die Mayas in ihrem Popol Vuh beschreiben. Was wir heute unter Sterbebegleitung verstehen, ist – mangels Wissens – von den Exerzitien tibetischer Lamas, welche die Seele wissend durch die verschiedenen Energieebenen oder Bardo-Zustände begleiten, noch weit entfernt. Bei allem Bemühen hängt unsere Sterbeforschung hier noch weit zurück. Wobei natürlich auch gutgemeinte Menschlichkeit schon enorm wertvoll ist, verglichen mit jener Unmenschlichkeit, die oft die Regel war.

Unser Wissen, von Forschern wie Kübler-Ross und Moody an Sterbenden und Reanimierten auf empirischem Weg gesammelt, ist noch sehr überschaubar. Sobald sich die Wissenschaftler aber medialer Menschen bedienen, wie in anderen Kulturen üblich, erscheinen sie der Wissenschaftsgemeinde untragbar. Hier sitzt bisher der Knoten in der westlichen Forschung. Dabei wäre es sehr einfach, beim Vergleich von dem bisher gesammelten Wissen mit dem der alten Totenbücher die völlige Übereinstimmung zu entdecken. Daraus ließe sich immerhin schließen, dass auch die weiteren Aussagen der Totenbücher einige Wahrscheinlichkeit auf ihrer Seite haben.

Sobald wir erkennen, dass der Tod zum Leben gehört, brauchen wir ihn nicht mehr zu verdrängen und sind vor seinen Überfällen sicher, und sogar vor den Krankheitsbildern, die uns die Beschäftigung mit ihm aufzwingen. In den immer häufiger werdenden Depressionen etwa kümmern sich die Patienten um ihr Sterben, eben in ihren Selbstmordgedanken. Aber sinnvoller als auf der Ebene Strick oder Kugel, Gift oder Gas wäre es, sich im philosophischen oder religiösen Sinne mit seiner eigenen Sterblichkeit auseinanderzusetzen. In diesem Zusammenhang mag interessant sein, dass die in ihre Tradition noch eingebunden lebenden Tibeter Depressionen gar nicht kennen. Sie haben sie wohl nicht notwendig, denn sie beschäftigen sich schon freiwillig viel mit dem Sterben im Rahmen des Vajrayana-Buddhismus. Wir könnten das natürlich auch vorbeugend tun, wie es etwas mein Buch „Depression – Wege aus der dunklen Nacht der Seele“ und die entsprechende CD nahelegen.

Wer den Tod als Ziel seines Lebens in der polaren Welt der Gegensätze erwartet, kann von ihm nicht mehr überrascht werden. So könnten wir unsere Probleme weit im Vorfeld der Transplantationsmedizin lösen.

Wirklich gerecht werden wir dem Tod wohl erst, wenn wir ihn in seiner ganzen Macht und als Ziel unseres Lebens anerkennen. Er markiert nicht nur den größten, sondern auch den wichtigsten Lebensübergang und zeigt uns die Macht der „Schicksalsgesetze" und des „Schattenprinzips", an denen letztlich kein Weg vorbeiführt.

So, wie wir aus jedem Lebensübergang eine Chance machen können, ist das auch beim Tod möglich. Er könnte wieder zu jener Lösung und Erlösung werden, die er auch in unserer Kultur einmal war und die er in Wirklichkeit immer geblieben ist.

„Der Tod gehört zum Leben wie die Geburt.
Das Leben vollzieht sich im Heben
und Senken des Fußes."

Rabindranath Tagore

DER TOD AUS SPIRITUELLER SICHT

Wenn die Uhr stehen bleibt,
tut es die Zeit noch lange
nicht.
Wenn die Zeit stehen bleibt,
ist ein neuer Anfang
gemacht.

DIE TÜRE

Wenn die Nacht
keine Türe hätte,
woher käme der Tag
Und zuletzt,
wohin ginge er,
wenn die Nacht
keine Türe hätte?

Erich Fried

Die hier beschriebenen Erfahrungen stammen aus dreißig Jahren Reinkarnations-Therapie, bei der Patienten ihr Sterben mehrfach in früheren Leben bewusst durchlebten und auch ihre Erlebnisse aus dem Zwischenreich berichteten. Abgesichert und erweitert habe ich es durch die Forschungen der zitierten Sterbeforscher sowie durch die des Psychiaters Wickland, der mit Hilfe seiner medialen Frau eine Art „Seelenbefreiungs-Therapie“ machte. Hinzu kommen die Erfahrungen von spirituellen Autoren, wie seitens des Theosophen Charles Leadbeater und vor allem von Dion Fortune, und jene aus den Totenbüchern der Tibeter und der alten Ägypter. Persönlich habe ich vor mehr als zwanzig Jahren eine Medien-Ausbildung bei den Brasilianern Carmen und Jarbas Marinho gemacht, wodurch ich zwar nicht zum Medium wurde, aber doch viele Eindrücke aus dem Zwischenreich und im Umgang mit unverkörperten Seelen gewann.

Das Ziel der meisten Religionen und spirituellen Traditionen ist es, nach einem erfüllten Leben bewusst zu sterben und sich allmählich auf das Lebensende vorzubereiten. Nur wenige kriegerische Traditionen verfolgten das Ziel, aus dem Leben heraus im Kampf zu fallen, und selbst dann war – wie bei den Samurai – die Bewusstheit dabei ausschlaggebend.

PRAKTISCHE STERBEBEGLEITUNG UNTER SPIRITUELLEN GESICHTSPUNKTEN

Der Tod ist das Tor zum Leben

Beim achtsamen, bewussten Sterben, das langsam und nicht abrupt, wie etwa durch einen Unfall, zustande kommt, erleben Betroffene die Loslösung vom Körper meist in einem spiraligen Sog, mit dessen Hilfe die Seele gleichsam aus dem Körper gezogen wird. Die dabei einwirkende Kraft wird wie von außerhalb und fast immer von oben eingreifend empfunden.

Während dieser Loslösung vom physischen Körper bleibt die Seele aber immer noch im sogenannten Ätherleib verankert, der, dem Körper nachempfunden, aus elektromagnetischen Feldern besteht und eine Art feinstofflicherer oder jedenfalls weniger stofflicher Körper ist. Nach Dion Fortune ist der Ätherleib in diesem Zwischenzustand abgeschnitten von der Energieversorgung, die bisher über den physischen Körper lief. Er muss sich deshalb akut Energie verschaffen, wo immer er sie finden kann. Hier liegt die Erklärung für die oft erlebten Schwächegefühle, die dem Toten nahestehende Menschen während seines Sterbens und zur Zeit der Totenwache erleben. Wenn sie in dieser Übergangssituation neben dem Sterbenden ausharren, fühlen sie sich oft furchtbar kraftlos und erschöpft. Viele Sterbende holen sich in diesem Stadium die für ihre eigenen Prozesse der Wandlung notwendige Energie von den Lebenden. Wirklich schaden wird diese Energie-Spende den Hinterbliebenen im Allgemeinen nicht, sie könnte als letzte Wegzehrung und Energie-Spende empfunden und als ganz bewusstes Geschenk zur Verfügung gestellt werden.

Zusätzlich wäre es aber unterstützend und hilfreich, in der Nähe des Sterbenden frische Blumen aufzustellen und Kerzen um das Bett herum anzuzünden, denn von ihrer ätherischen Od-Energie kann sich der Ätherleib ebenfalls versorgen. Es scheint auch so, dass Tiere des Abschiednehmenden für solche Energie-Spenden sehr offen und bereit sind und in diesen entscheidenden Momenten gern bei ihrem Frauchen oder Herrchen ausharren, um ihm zusätzliche Kraft zu schenken.

Da es in solch einer idealen Situation bewussten Sterbens nur um eine recht kurze Übergangszeit geht, während der die scheidende Seele ihrem ehemaligen Körper noch so nah ist, müssen Blumen- und Kerzen-Arrangements auch nicht übertrieben werden. Überzogene Blumen- und Lichterpracht könnte das Gegenteil bewirken und der Seele den Abschied erschweren, so dass sie sich nicht gehalten, sondern festgehalten fühlt. Die eher bescheidene, aber sehr bewusste Unterstützung durch das Anbieten entsprechender Od-Kräfte kann dagegen ihre Passage erleichtern, denn tatsächlich handelt es sich ja auch hier um einen „Passage-Ritus", wie er etwa für die Pubertät usw. beschrieben wird. Nur ist jetzt der Niveauunterschied zwischen den passierten Ebenen ungleich größer. Insofern ist das Sterben sicher die dramatischste Passage und erfordert die wirksamsten „rites of passage“. Im tibetischen Vajrayana-Buddhismus kommt das deutlich zum Ausdruck, wo der Lama sich Wochen Zeit nimmt, um für Führung und Sicherheit der Seele zu sorgen.

Häufig ist es nützlich, das Sterbezimmer zu verdunkeln oder jedenfalls das direkte Sonnenlicht auszuschließen. Es könnte den subtilen Ätherleib zu rasch zersetzen und dadurch der Seele zu wenig Zeit für diese wichtige erste Übergangsstufe lassen. Andererseits verlangen manche Sterbende auch in dieser Situation Licht, wie es von Goethe überliefert ist, dessen letzte Worte anscheinend „mehr Licht“ lauteten. Das aber kann natürlich auch im übertragenen Sinn gemeint gewesen sein.

Bei sich über lange Zeiten hinziehenden Krankheitsprozessen, wie etwa den zehrenden Schlussstadien von Krebs, sind solche Rücksichten dagegen unnötig. Die Seele hatte hier schon vorher lange genug Zeit, um Abschied zu nehmen, und auch der Ätherleib genügend Vorbereitung, um sich zu trennen. In solchen Fällen wäre eine möglichst rasche Lösung am günstigsten.

Sobald sich auf körperlicher Ebene der Äther- vom materiellen Körper gelöst hat, wird in der Regel dessen Zersetzung beginnen. Eine Ausnahme bilden hier lediglich die Körper mancher Heiliger, die über lange Zeiten nicht verwesten. Von Graböffnungen bei solchen besonderen Menschen wurde auch wiederholt berichtet, wie sich Rosenduft anstelle des Verwesungsgeruches ausgebreitet habe.

Da es die Energie beziehungsweise das Energiefeld des Ätherkörpers ist, das die stabile Form des physischen Körpers garantiert, beginnt mit seiner Auflösung auch der Zerfall des Körpers. Hört im Prozess des Sterbens der Atem auf, bricht auch nach wissenschaftlichem Verständnis die Energieversorgung des Körpers zusammen, und zugleich löst sich der Ätherkörper und mit ihm die Seele vom physischen, ab jetzt dem Verfall überlassenen Leib.

Nun nur noch im Ätherkörper verankert, fällt die Seele in eine Art von Bewusstlosigkeit. Dion Fortune spricht vom Tod als dem großen Anästhesisten, der die Seele in den Schlaf führt. Keinesfalls sollte in dieser Phase versucht werden, Kontakt mit ihr aufzunehmen. Das Beste wäre unter allen Umständen, sie in diesem ätherischen Schlaf in Frieden ruhen zu lassen.

Sobald die Seele aus diesem besonderen Schlaf erwacht, hat sie im Idealfall auch das Stadium im Ätherleib hinter sich gebracht und kann die materielle Welt endgültig verlassen. Wann dieses Stadium erreicht ist, können natürlich nur sehr feinfühlige, mediale Menschen erspüren. Beim neuerlichen Wiedererwachen wird die Seele sich in einer Gemütsverfassung befinden, die jener entspricht, die vor dem Sterben des Körpers vorherrschte.

Wird sie andererseits durch noch so liebevoll gemeinte Aktionen von Angehörigen oder Freunden geweckt, während sie noch im Ätherleib verankert ist, kann das zum Hängenbleiben, der sogenannten Erdgebundenheit, führen und spätere Spukphänomene auslösen. Das Phänomen der herumgeisternden Seelen war zu allen Zeiten bekannt. Das in der Moderne über solche Phänomene nicht mehr (gern) gesprochen wird, heißt noch lange nicht, dass sie nicht mehr vorkommen.

In manchen Gegenden ist lautes Wehklagen, Schluchzen und Weinen unabhängig vom Schmerz der Angehörigen üblich und gehört zum Brauchtum. Sogar sogenannte Klageweiber können dafür engagiert werden. Ursprüngliches Ziel war es wohl, böse Geister zu vertreiben und vielleicht auch mangelndem Schmerz demonstrativ Ausdruck zu verleihen. Andererseits konnte lautes Wehklagen auch einen Bann brechen und die Tränen in Fluss bringen, was den Trauernden ein Ventil schenkte und solcherart Erleichterung verschaffte.

Aus spiritueller Sicht wäre es ungleich sinnvoller und hilfreicher, Sterbenden in diesen Momenten mit Gebeten und entsprechenden Gedanken Beistand zu leisten und ihnen ein Requiem vorzuspielen, bevorzugt jenes von Mozart, das dieser kurz vor seinem eigenen Tod komponierte und das von daher wohl von allen Requien am besten geeignet ist und am tiefsten führt. Es ist im wahrsten Sinne des Wortes die richtige Begleitmusik für Menschen christlicher Kultur, und das betrifft folglich auch diejenigen, die sich nicht einmal zu ihr bekennen. Solche musikalische Wegzehrung, aber auch das Vorlesen entsprechender Passagen aus den jeweiligen Totenbüchern, können der Seele zu wesentlichen Wegweisern auf ihrem Weg werden.

SEELENBEFREIUNGS-THERAPIE

Nur wer mutig gelebt hat,
kann gelassen gehen.

Bleibt eine Seele bereits in diesem frühen Stadium hängen und kann sich also nicht lösen, was beim langsamen, bewussten Sterben eher selten geschieht, kann es ebenso zu Spuk- und ähnlichen Erscheinungen kommen wie bei den gerade besprochenen Störungen im Schlaf des ersten Übergangsbereiches. Ausdruck dieses Festhaltens sind Versuche der Seele, weiterhin an ätherische Lebenskräfte heranzukommen. Sie wendet sich gleichsam zurück zur Welt der Materie – diesbezüglich ist der Ätherleib noch deutlich näher an der physischen Welt – anstatt sich ganz vom Materiellen zu lösen.

Solche sogenannten erdgebundenen Seelen sind nicht selten das Ergebnis von plötzlichen gewaltsamen Todesszenarien oder von Unfällen, die mit einem unerwarteten, überfallartigen Tod zusammenhängen.

Oft hatten die Betroffenen auch keinerlei Kenntnisse über das Leben nach dem Tod. Entweder sind die Seelen orientierungslos und verwirrt oder sie bleiben weiterhin durch starke psychische Energien, wie etwa Gerechtigkeitsansprüche oder Rachegedanken bei Verbrechen, an die materielle Welt gebunden. Diese Situation ist für beide Seiten unerfreulich, weil sie die weitere Entwicklung der Seele aufhält und nicht selten auch den Hinterbliebenen Schaden zufügt. Das kann in verschiedener Weise geschehen, zum Beispiel indem sich unbedarfte „Channeler" der Eso(terik)-Szene mit ihren Informationen abspeisen lassen. Vor allem aber auch dadurch, dass diese entkörperten Wesenheiten sich an die Lebenden hängen und sie einerseits schwächen und andererseits verunsichern oder sogar in Angst und Schrecken versetzen.

Schlimmstenfalls binden sie sich an Lebende, die eine entsprechende Resonanz aufweisen. Dann haben wir es mit einem „Besessenheits-Phänomen" zu tun. Diese sind durchaus nicht so selten und auch nicht auf „Teufels"-Besessenheiten beschränkt, mit denen sich vereinzelt entsprechend ausgebildete katholische Priester beim Exorzismus herumschlagen, sondern füllen unsere Psychiatrien. Jesuiten lernen bis heute in ihrer Ausbildung das sogenannte „Rituale romanum", den großen Exorzismus. Obwohl er in den deutschsprachigen Ländern inzwischen verpönt ist, spielt er in Italien noch immer eine große Rolle. Einfallsorte für erdgebundene Seelen sind Momente der Schwäche, wie etwa Ohnmacht oder Vollnarkosen.

Manchmal sind diese Phänomene ganz offensichtlich. Vor Jahren berichtete eine Mutter, deren zartes kleines Mädchen nach einem schweren Autounfall für Monate ins Koma fiel, folgende Geschichte: Die behandelnden Ärzte rieten ihr, sich von der Tochter zu verabschieden, da diese den Hirntod erlitten habe und mit einem Wiedererwachen keinesfalls zu rechnen sei. Die Mutter aber ließ sich nicht beirren, sondern harrte neun Monate neben ihrer Tochter aus, liebkoste sie, sang ihr Lieder und erzählte ihr. Als nach neun Monaten ein Erwachen stattfand, waren die Ärzte sprachlos und konnten sich dazu nicht äußern. Sie wollten weder wahrhaben noch mit ansehen, was in ihren Augen nicht möglich sein konnte, und so schlossen sie dieselben lieber vor diesem Phänomen. Erst recht als die Mutter feststellte, die Wiedererwachte sei gar nicht ihre Tochter, sondern ein völlig anderer, wesensfremder Mensch, was sich später auch darin zeigte, dass das Kind nun dick und plump war, wohingegen die verunglückte Tochter ein zartes, flinkes Geschöpf gewesen war. Die Eltern, zu denen ich noch lange Kontakt hatte, zogen in der Folge eine Art Adoptivkind auf, das sich selbst bei ihnen gemeldet hatte. Sie waren fest davon überzeugt, im Körper ihrer früheren Tochter habe eine andere Seele Platz genommen und sich diesen auch nach eigenen Bedürfnissen umgebaut.

Die „Seelenbefreiungs-Therapie“ mit Medien, wie sie Wickland beschreibt oder wie sie bei entsprechenden Medien in Brasilien üblich ist, empfiehlt sich bei Besessenheits-Phänomenen. Ein Medium und ein Therapeut arbeiten dabei zusammen. Letzterer lädt die verirrte Seele ein, den besetzten Körper zeitweilig aufzugeben, um in den Körper des Mediums einzudringen, der ihm völlig zur Verfügung steht, und sich seiner Möglichkeiten zu bedienen. Diese Situation ist so verlockend für die verirrten Seelen, dass sie sich dem kaum entziehen können. Tatsächlich haben sie in dem besetzten Körper ja ständig mit dem eigentlichen Besitzer zu ringen und können sich in der Regel nicht ausdrücken und schon gar nicht durchsetzen, da dieser seinen Körper nicht kampflos zur Verfügung stellt. Genau diese Situation der freien Verfügung wird ihnen jetzt angeboten. Nach den Erfahrungen von Wickland und anderer Medien-Therapeuten greifen verirrte Seelen hier sehr rasch und bereitwillig zu.

Sind sie aber einmal im Körper des Mediums, das diesen gleichsam auf Zeit zur wirklich freien Verfügung stellt, können sie normal über diesen Körper mit dem Therapeuten kommunizieren. Manchmal ist dabei die Stimme deutlich verändert. Aufgabe des Therapeuten wird es jetzt, der gestrandeten Seele diese Welt des Zwischenreichs zu erklären und ihr gleichsam jenes Wissen über Leben und Sterben zu vermitteln, das sie zu ihren Lebzeiten im Körper versäumt hatte zu erwerben. Über diese Schulung wird er ihr das Angebot machen, weiterzugehen und dem eigenen Entwicklungsweg zu folgen. Nicht selten hat der Therapeut dabei mit Ängsten und Misstrauen auf Seiten der verirrten Seele zu kämpfen und muss ihr den Weg mit verlockenden und befreienden Angeboten schmackhaft machen. Oft braucht es verschiedene Anläufe. Hat sich die Seele dann zur Lösung von ihrem besetzten Opfer und zur Weiterentwicklung entschlossen, wird sich letzteres erleichtert und befreit fühlen. Insofern handelt es sich um eine Seelenbefreiungs-Therapie in beide Richtungen. Hin und wieder haben wir auch bei der Reinkarnations-Therapie mit dieser Situation gerungen, die heute über Spaltpersönlichkeiten und besondere Fälle von Schizophrenie bis ins Bewusstsein mutiger Psychiater vorgedrungen ist.

Niemals aber handelt es sich bei den Besessenen einfach um arme Opfer eines Überfalls, sondern immer haben wir dabei entsprechende Resonanz auf beiden Seiten gefunden. In dem Hollywood-Film

„Botschaft von Sam", mit Patrick Swayze als Verstorbenem und Whoopie Goldberg als Medium, ist diese Situation relativ realistisch und gut nachvollziehbar dargestellt.

DIE WEITE(RE) REISE

Loslassen fällt denen leichter,
die vorher zugegriffen hatten.

Ist die endgültige Trennung von der Welt der Materie bewältigt, beginnt die Seele im sogenannten Astralreich mit einer ganz eigenen Art von „Träumen“. Es handelt sich hier um jene Sphäre, aus der die vielen Berichte stammen, die selbst uns Moderne immer wieder erreichen. Den eigenen inneren Bildern aus dem eben zu Ende gegangenen Leben noch ganz nahe, aber andererseits auch schon ein gutes Stück gelöst und damit distanziert, kann das verflossene Leben in seinen für das seelische Verarbeiten wichtigsten Stationen nochmals vor dem inneren Auge ablaufen. Es handelt sich dabei um jenen Lebensfilm, in den Menschen auch schon früher gleichsam als Vorgriff in lebensgefährlichen Situationen Einblick nehmen können. Indianer komponieren diesen Lebensfilm als Totenlied schon zu Lebzeiten und singen ihn sich selbst zum Lebensende vor.

Für uns an die Welt der Materie mit ihren beiden Täuschern Raum und Zeit Gebundene, sind solche Erfahrungen nicht leicht vorstellbar. Tatsächlich spielt Zeit jetzt aber überhaupt keine Rolle mehr, und auch der Raum mit all seinen Ebenen ist frei verfügbar. In der nun erreichten Astralwelt haben Raum und Zeit einerseits keinerlei Macht mehr über die Seele andererseits stehen sie als Gedankenebene völlig unbeschränkt zur Verfügung.

Während der Reinkarnations-Therapie haben wir in tiefer Trance viel Vorgeschmack auf solche Ebenen bekommen; und fast alle Menschen kennen diese Erfahrungsmöglichkeiten aus dem Traumreich. Tatsächlich sind wir jede Nacht auf der Astralebene unterwegs und könnten uns hier wundervoll auf die Erfahrung dieser entsprechenden Übergangsschritte vorbereiten – ähnlich wie wir mit jedem abendlichen Einschlafen am Ende des Tages das Entschlafen am Ende des Lebens üben könnten. Der tibetische „Traum-Yoga“ und die Anleitungen zum indischen „Yoga-Schlaf“ vermitteln Verständnis für diese Chancen. In dem Taschenbuch „Schlaf – die bessere Hälfte des Lebens" bin ich auf diese spirituellen Anleitungen eingegangen, besonders an Hand eines Seminars, das seine Heiligkeit der XIV. Dalai Lama vor vielen Jahren vor westlichen Wissenschaftlern hielt.

Sobald wir den Schlaf als „kleinen Bruder des Todes" erkennen, ergibt sich überhaupt eine wundervolle Analogie. Auch die Ausruhzeit, die nicht wenige Seelen zuerst einmal im sogenannten Jenseits benötigen, wird so deutlich. Wenn ein anstrengender Tag hinter uns liegt, brauchen wir den Schlaf zur Regeneration und zur Verarbeitung offen gebliebener Rechnungen. Auch die Griechen der Antike kannten offensichtlich diese Parallele, sonst wäre wohl kaum in ihrer Mythologie der Gott Hypnos, der Schlaf, ein Bruder von Thanatos, dem Tod, und beide Söhne von Nyx, der Nacht.

Mindestens ebenso gewöhnungsbedürftig für uns, die wir uns nun anschicken, aus dem Diesseits das Jenseits zu verstehen, ist die Tatsache, dass neben Raum und Zeit auch der Verstand auf der Astralebene ausgedient hat. Das ist eine der Erleuchtung ähnliche Situation, denn alle Meditations- und Exerzitien-Anstrengungen laufen ja darauf hinaus, den rationalen Verstand beiseitezustellen. Nun ist es so weit. Alle Argumentationen, Rationalisierungen oder Projektionen und wie die verschiedenen Abwehrmechanismen sonst noch heißen mögen, zählen nun nicht länger. Noch schlimmer, sie stehen nicht mehr zur Verfügung, sie existieren einfach nicht mehr.

Die Seele hat jetzt im Kreis ihrer eigenen Bilder zu wandeln und erhält dabei den Spiegel ihrer Taten vorgehalten. Der Unterschied zum Leben besteht darin, dass der Intellekt nicht mehr zur Stelle ist, um sich mit seinen Tricks aus aller Verantwortung herauszuwinden. Das ist auch der Grund, warum wir Psychotherapie und auch geführte Meditationen am liebsten in möglichst tiefer Trance praktizieren, denn durch Ausschaltung des Kopfes beziehungsweise Verstandes gelangen wir auf eine viel tiefere und ehrlichere Ebene. Je häufiger jemand außerdem in solchen Ebenen schon zu Lebzeiten unterwegs war und sich an Eigenverantwortung und entsprechende Ehrlichkeit gewöhnen konnte, desto besser für ihn im Leben, aber auch und vor allem in der Zeit nach dem Tod.

Nun kann und muss sich die Seele völlig ungeschminkt im Bilderalbum ihrer eigenen Vergangenheit mit all ihren zurückliegenden Taten und Unterlassungen erkennen. Der einzige Maßstab ist jetzt das Selbst, zu dem nun jede Seele zurückfindet. Je weiter sie sich im Leben von dieser höchsten Entwicklungsstufe entfernt hatte, desto ernüchternder und unerfreulicher wird naturgemäß die anstehende Konfrontation.

Andererseits kann diese Reise durch die astrale Bilderwelt auch leicht werden für diejenigen, die sich mittels verschiedener Anstrengungen dem Selbst schon zu Lebzeiten genähert haben. Für sie wird es keine großen Probleme und schon gar keine schockierenden Bilder geben, sondern lediglich eine ehrliche Bilanz, die alle Errungenschaften, so wie auch alle Außenstände, deutlich macht. Eine Schattentherapie noch zu Lebzeiten, wie sie in „Das Schattenprinzip" oder noch ungleich tiefer in der vierwöchigen Reinkarnations-Therapie möglich ist, wäre sozusagen als Vorarbeit und echte Vorbeugung zu sehen. Womit man fertig geworden ist und was man hinter sich gebracht hat, was man sich also zu Lebzeiten bewusst gemacht und angenommen hat, wird auf der astralen Ebene nicht mehr bedrängen. Eine ähnliche Idee verfolgt die letzte Beichte vor dem Erhalt der Sterbesakramente bei Katholiken.

Auch wenn solche Ebenen des Jenseits von verschiedenen Religionen in Bildern wie Hölle und Fegefeuer beschrieben wurden, ist das immer bildhaft und spekulativ zu verstehen, zumal es meist mit Absichten verbunden war, leider auch um Angst zu machen. Tatsächlich handelt es sich gar nicht um Orte, in unserem weltlich-diesseitigen Sinn, sondern eher um Bewusstseinsfelder. Sich entsprechende seelische Muster bauen solche Bewusstseinsräume auf, in denen sich Seelen mit ähnlichen Problemmustern zusammenfinden. Auf diese Weise entstehen auf der negativen Seite Felder von Habsucht, Gier, Neid oder Angst und sogar solche voller Hass und Rache.

Ähnlich wie früher mit Feuer infizierte Wunden ausgebrannt und damit gesäubert wurden, kann auf diesen Bewusstseinsebenen das astrale Feuer der Erkenntnis die vom Leben geschlagenen Wunden ausbrennen und dabei reinigen. Der Schmerz kann auf der körperlichen wie auch auf der seelischen Ebene furchtbar sein, aber sein Ziel ist Heilung. Bei diesem Feuer geht es in beiden Fällen weder um Bestrafung noch um Züchtigung, sondern vielmehr um Erkenntnis und Läuterung. Dion Fortune[5] sagt über dieses Feuer: „Es straft nicht, es verzeiht nicht, es heilt."

5 In ihrem Buch „Durch die Tore des Todes zum Licht" bringt sie eine ausführliche Betrachtung der Nachtodsituationen aus okkultistischer Sicht. Smaragd Verlag, Neuwied 1990.

DAS HIMMELREICH

Im täglichen Abschied der Sonne
findet Sterben seinen
malerischsten Ausdruck.

So wie Seelen mit dem Fege- oder Läuterungsfeuer ein Bewusstseins-Feld der Reue und Wandlung durchlaufen, hält das Astralreich auf dem Gegenpol auch ein Bewusstseins-Feld der Sehnsüchte und Träume bereit. Im Allgemeinen wird es als himmlisches Bewusstsein oder gleich als Himmel erkannt, in dem sich die Seelen die offen gebliebenen Hoffnungen, Träume und Sehnsüchte erfüllen können. Was auf Erden nicht erfüllt und an Träumen nicht verwirklicht wurde, ist hier erlebbar und kann dabei gelernt werden.

Tatsächlich wäre es also naheliegend, sich schon auf Erden möglichst viele Hoffnungen, Sehnsüchte und Träume zu erfüllen und daran zu lernen. Besonders was auf Erden bereits erkannt und verstanden wurde, aber noch nicht verwirklicht werden konnte, lässt sich im Zwischenreich bewältigen. Erfahrungen, die wir hier gemacht, und Seelenwissen, das hier erworben wurde, kann als Anlage und Begabung ins nächste Leben mitgebracht werden.

Dass sich trotz dieser wundervollen Perspektive die *Ars moriendi*, die Kunst des Sterbens, im Mittelalter entsetzlicher Bilder für das Zwischenreich bediente, ist verständlich, aber auch missverständlich. Sie war von der Kirche wohl auch gedacht, um die Seelen schon zu Lebzeiten über entsprechende Drohungen gottesfürchtiger und vor allem gefügiger zu machen.

Eine bildlich beeindruckende und weder vor Klarheit noch Kitsch zurückschreckende Darstellung findet sich in dem zeitlosen Hollywood-Film „Hinter dem Horizont" mit Robin Williams. Mit den modernen Mitteln der Computer-Animation lassen sich schon fast realistische Darstellungen erreichen, wobei natürlich die Frage offen bleibt, was Realismus auf dieser Ebene wirklich ist. Mit überzogenen Farben und einer noch höheren Intensität der Sinneseindrücke wird in diesem Film die jenseitige Ebene deutlich und erkennbar gemacht, ganz so, wie sie Seelen beschreiben, die daraus zurückgekehrt sind, etwa mit Hilfe moderner Reanimationsmethoden der Schulmedizin. Aber auch wenn dieser Film wirklich beeindruckendes Anschauungsmaterial liefert, bleibt es ein Versuch, etwas Immaterielles in Bildern aus materiellen Farben einzufangen.

In der Annahme eines Himmels stimmen fast alle Religionen und Traditionen überein. Die wundervollen Erfahrungen in diesen himmlischen Sphären – da sind sich die Religionen einig – müssen durch „gutes Leben" verdient werden. Jede Tradition hat aber ihre eigenen Bilder der Wunscherfüllung. Während Muslime von Jungfrauen verwöhnt werden, landen Christen im eher naturalistischen Paradiesgarten; bei Hindus und Buddhisten sind die Bäume dort aus edlen Metallen und voller Früchte aus Edelsteinen. Die jüdische Tradition lockt mit einer prächtigen Stadt aus kostbarsten Baumaterialien und von unübersehbarer Schönheit.

Leadbeater entwirft für Theosophen einen Himmel aus Farben des Sonnenuntergangs. Grundsätzlich aber geht er davon aus, dass der Himmel eben kein Ort in unserem Sinne sei, sondern ein Bewusstseinszustand oder ein Feld, wie wir heute sagen würden. Jeder Mensch schafft sich letztlich seinen eigenen Himmel aus den schönsten und eben himmlischsten Gedanken-Mustern, über die er verfügt, und er bleibt dort auch so lange, wie er sich das verdient hat und vornimmt.

DER GROSSE AUSGLEICH

Es ist nur eine Frage der Zeit,
bis alles seinen Ausgleich findet.
Zeit aber existiert in der Ewigkeit nicht.

Die Konfrontation mit den Bewusstseins-Feldern bleibt trotz himmlischen Rahmens ehrlich machend und im tiefsten Sinn läuternd. Ihr Ziel ist am besten mit den klassischen Begriffen *Metanoia*, der tiefsten Reue, und *Metamorphose*, der grundlegendsten Wandlung, zu umschreiben. Für die Seele gibt es auf dieser Ebene kein Entkommen mehr. Sie muss im Verbund mit anderen ähnlich „Betroffenen" exakt jene Themen konfrontieren, denen sie im Leben nicht gerecht werden konnte, die sie verweigert hat oder an denen sie im positiven wie negativen hängengeblieben ist.

Die Ausdehnung des Feldes durch die Zahl der Betroffenen lässt den Erkenntnisdruck noch erheblich wachsen, ganz ähnlich wie wir das im Diesseits von den Feldern großer Meditations- oder erst recht

Atem-Gruppen kennen. Aber trotz der großen Zahl Mitbetroffener erlebt jede Seele ihre eigene innere Bilderwelt und durchläuft ihre ureigene Erfahrung nur für sich allein und ohne fremde Hilfe, mit dem Ziel der Selbst-Erkenntnis.

Insofern könnte man dieses Bewusstseinsfeld tatsächlich als ein Reinigungs- oder Läuterungsfeuer für Seelen umschreiben oder sogar malen. Das hat aber nichts mit Bestrafung zu tun, und von daher liegen die entsprechenden Drohungen im Rahmen kindlicher Religionen, um die gläubigen Schäfchen gefügig zu machen, daneben. Das Ziel ist Entwicklung, keinesfalls Strafe. Und das gilt natürlich für alle Ebenen der Schöpfung. Tatsächlich erleben wir auch im Diesseits vieles als Strafe, was doch nur als Lernhilfe gedacht ist.

Weiterentwickelte Staaten, wie die alten europäischen, haben auch in ihrer Justiz das Ziel der Rehabilitation, jüngere und noch wenig entwickelte Staaten, wie etwa die USA, setzen auf Abschreckung und Rache, wobei deren zahlreiche Todesurteile zeigen, wie sehr man auch dort letztlich an den großen Schöpfungsplan gebunden ist. Hier wird lediglich auf primitive Weise das Leben im Körper abgewürgt und alles weitere an die Astralebene delegiert. Ganz ähnlich können weniger weit entwickelte Seelen als Strafe empfinden, was weiter entwickelte als Chance erkennen. Letztlich dient alles dem Lernen und der Entwicklung zum Selbst.

Die erfahrene Situation ist völlig subjektiv und individuell und hängt lediglich von den zurückliegenden eigenen Erfahrungen ab. Trotzdem gibt es offenbar auch kulturelle Bewusstseinsfelder, und so wird sich das Fegefeuer der Christen von der Hölle der Muslime unterscheiden, wie auch beide ihren eigenen Himmel haben. Wir phantasieren uns beides schon im Diesseits zusammen und müssen beziehungsweise dürfen anschließend im Jenseits einziehen. So wird dieses „Bewusstseins-Feld" eine Menge gleichsam archetypische Übereinstimmungen aufweisen, die von den Religionen geprägt sind. Da aber auch die meisten großen Religionen eine gemeinsame Essenz und alle Menschen gemeinsame Urmuster und Urerfahrungen haben, wie Angst und Lust oder Hunger und Durst, werden diese Bewusstseins-Felder wiederum viel Verbindendes aufweisen.

Jedenfalls handelt es sich um die „Orte", wo die Seele der Wahrheit ins Gesicht zu sehen hat. Viele werden diese Orte wie höllisches Fegefeuer erleben, wo die Leiber elendig geschmort werden – etwa wie auf den Scheiterhaufen der Inquisition. Andere werden wie Durchgangsstadien erscheinen, die ohne Angst und Schrecken durchlaufen werden und auf die nächste Stufe vorbereiten.

Die Vorstellungen eines „Jüngsten Gerichtes", wo die Seelen für ihre Vergehen der Vergangenheit abgeurteilt und anschließend bestraft werden, findet sich auch in anderen Religionen, wie etwa der altägyptischen, wo die Göttin Maat die Herzen wiegt. Die meisten Religionen gehen aber davon aus, und alle spirituellen Erfahrungen, wie etwa die der Reinkarnations-Therapie, sprechen dafür, dass diese Gerichtssituation direkt nach dem Tod stattfindet und nicht erst nach Äonen, wie in der christlichen Vorstellung. Außerdem handelt es sich wohl weniger um eine Gerichtssituation in unserem diesseitigen Sinn, als um eine absolut ehrliche Bilanz, bei der es keine Fälschungen und Tricks mehr gibt.

Ziel all dessen ist es, das „Gesetz des Karma" zu erlernen, die Tatsache, dass zu ernten ist, was gesät wurde, also das Resonanzgesetz. Insofern kommt letztendlich nach dem Tod die eigentliche Lebensschule, der sich dann niemand mehr verweigern kann. Wer die „Schicksalsgesetze" im Leben nicht durch Versuch und Irrtum oder bewusstes Lernen integriert hat, bekommt jetzt eine Art äußerst überzeugend gestalteten Schnellkurs. Auch wenn die Bewusstseins-Situation im Zwischenreich der Traumwelt näher ist als der körperlichen Realität des Lebens, sind diese „Träume" doch ungemein lebendig, und es gibt keine Chance, sich noch länger davor zu drücken. Dass die überwiegende Zahl der modernen Menschen das inzwischen nachts durchaus tut, indem sie die Nacht so unangemessen vorbereitet, dass sie die Träume nicht mehr erinnert, wird hier als weitere Falle deutlich. Die nächtlichen Träume wären natürlich ausgesprochen geeignete Übungsmöglichkeiten.

Die Nacht ab dem Einschlafen entspricht in der Analogie genau dem Zwischenreich nach dem *Ent*schlafen. Insofern wissen wir mehr oder weniger gut darüber Bescheid. Das hängt davon ab, inwieweit wir bereit waren, die entscheidenden Themen des Lebens hier zu üben. Wie in der Traumwelt, spielt auch im Kreise der eigenen Bilder im Zwischenreich Zeit keinerlei Rolle mehr. Insofern sind auch endlose Wiederholungen möglich, so lange bis jeder gelernt hat, was für ihn ansteht. Auch das kann – wie in der Schule der Kindheit und in der des Lebens – als Qual, Strafe und sogar Folter empfunden werden. Ähnlich wie in Träumen, wo sich bedrängende Themen ständig wiederholen können, wenn sie einfach nicht bewältigt werden.

Eigentlich geht es unter dem Strich immer nur darum zu lernen; und Wiederholung ist dabei in Wirklichkeit eine Gnade und eine ausgesprochen milde

Belehrungsmethode. Ob wir die Schule der Kindheit oder des Lebens als Qual erlebt haben, könnte uns schon einen ganz guten Ausblick auf das Empfinden in der Schule des Zwischenreiches schenken.

Im Idealfall ist Sterben ein bewusst und langsam vonstatten gehender Prozess der Lösung und kein plötzliches Geschehen. Spirituelle Menschen sprechen dabei oft von Vorhängen, die abwechselnd geöffnet und wieder geschlossen werden. Vom Diesseits ins Jenseits zu wechseln, macht es demnach notwendig, einen Bewusstseinsvorhang nach dem anderen zu lüften. Während sich so ein Vorhang nach dem anderen auftut und dann hinter der Seele wieder schließt, stirbt dabei gleichzeitig in Analogie ein Körper nach dem anderen. Nach dem materiellen der ätherische, dann der astrale und schließlich noch der Mental-Körper.

Ein anderes beliebtes Bild spricht vom notwendigen Überqueren von Flüssen. Es mag jeweils schwerfallen, ein sicheres Ufer zu verlassen, aber am gegenüberliegenden warten bereits Hilfe anbietende

Wesenheiten. Tatsächlich dringen diese Engel oder Lichtgestalten heute wieder zunehmend in unser Bewusstsein vor. Ihnen zu Ehren werden Kongresse abgehalten und sogar eine Zeitung herausgegeben. Jedenfalls nehmen sie die jeweils ankommenden und zuerst in der neuen, unbekannten Sphäre desorientierten Seelen liebevoll in Empfang und vermitteln die ersten Schritte in die unvertraute Welt, bevor sich die Seele wieder allein zurechtfinden kann. Aber auch diese Wesen können sowohl als helfende Lichtengel wie auch als bedrohliche Todesengel wahrgenommen werden, je nach persönlicher Resonanz. Lernen bleibt jedenfalls die erste Priorität.

Die hermetische Philosophie geht davon aus, dass weit entwickelte Menschen, die ihren Körper nach Wunsch und Belieben verlassen und wieder in Besitz nehmen können, diesen Weg oft gegangen sind und ihn gut kennen. Sie sterben sozusagen täglich, wenn sie die Vorhänge durchschreiten oder die Flüsse überqueren. Plutarch sagt diesbezüglich: „Beim Tod macht die Seele die gleichen Erfahrungen und geht durch den gleichen Prozess hindurch wie diejenigen, die in die großen Mysterien eingeweiht sind."

Beim Sterben reißt lediglich die sogenannte Silberschnur, während sie beim Wandeln zwischen den Welten erhalten bleibt. Auch die christliche Lehre kennt im Übrigen diese silberne Lichtschnur, wenn es in der Bibel heißt: „Ehe die silberne Schnur zerreißt, die goldene Schale bricht." (Koh. 12,6) Die Eingeweihten und Meister durchtrennen dieses Lichtband bewusst, wenn sie das Körperhaus definitiv verlassen.

Insofern als diese letzte und wichtigste Übergangssituation vom Leben in den Tod uns über die Reinkarnations-Therapie täglich deutlich vor Augen stand, hat sich diese Therapieform und die aus ihr hervorgegangenen Bücher und Programme immer mehr zu einer Vorbereitung auf die Situation im Zwischenreich entwickelt. So wie wir im Jenseits im Kreise unserer Bilder wandeln und besonders derjenigen, die mit Sehnsüchten und unerfüllten Wünschen zu tun haben, aber auch jener, die mit Verweigerung und Flucht verbunden sind, ist die Reinkarnations-Therapie zu einer

Wanderung im Kreis der eigenen Bilder geworden. Sie geschieht natürlich im Diesseits, aber auf einer Trance-Ebene, die der Bilderwelt des Jenseits ähnlich ist und auf diese in verblüffender Weise vorbereitet.

Unsere Seminare und Ausbildungen für ein bewussteres und erfüllteres Leben in dieser Welt wurden so immer auch schon im Hinblick auf ihre Auswirkungen auf die jenseitige Welt konzipiert. Wer mit den inneren Bildern seiner Seelen-Bilder-Welten im Leben vertraut ist, wird im Sterben natürlich umso leichter mit ihnen umgehen und sich ihrer bedienen können, vor allem im Hinblick auf den Fortschritt seiner Seele. So geht nichts verloren und kommt letztlich alles wieder zusammen. Leadbeater formuliert es beruhigend: „So herrscht vollkommene Gerechtigkeit, und nichts geht jemals verloren, selbst wenn es uns in dieser niederen Welt vorkommt, als habe etwas seinen Zweck verfehlt und sei zunichte geworden."[6]

---

6 C. W. Leadbeater, a.a.O., S. 59.

UNTERSTÜTZUNG FÜR DEN KÖRPER AUF SEINEM LETZTEN WEG

Wenn Farben die Wunden des Lichtes sind,
sind Sonnenuntergänge wunden-
und wunder-voll.
Die heraufziehende Dunkelheit ist Sterben
und der Tod wahrhaft samten und schwarz.

Zum Glück ist der letzte Lebensübergang heute wieder zum Thema geworden. Vor allem die bereits erwähnte Elisabeth Kübler-Ross hat sich um diese Bewusstseinserweiterung verdient gemacht. Insgesamt hat auch das zunehmende spirituelle Bewusstsein viel Licht in diesen ehemals dunklen und deshalb abgewehrten Bereich gebracht. Sterbebegleitung im Sinne der Hospiz-Bewegung ist ein salonfähiges Thema geworden, und selbst Kliniken haben von der Hospiz-Bewegung einiges Wertvolle übernommen und entsprechende Fortschritte gemacht, was die letzten Schritte angeht.

Dass es jetzt mit den Hospizen in vielen Regionen Orte gibt, wo Menschen sich zum Sterben in Ruhe hinwenden können und wo andere ihnen bei diesem Übergang beistehen, ist ein gar nicht hoch genug zu schätzender Fortschritt. Damit kann dieser letzte Übergang wieder jene Würde erhalten, die ihm zusteht, fernab von aller Hightech-Medizin mit ihrem Kämpfen und Widerstandleisten gegen ein letztlich unabwendbares Schicksal, das ja doch immer Ziel unseres Lebens bleibt.

Unsere Vorfahren sahen ihrem Ende schon insofern mit mehr Ruhe und Würde entgegen, als sie Mythen hatten, die sie begleiteten, und Gottheiten, auf deren Beistand sie sich verlassen konnten. Die Germanen wussten um die drei Nornen, jene Schicksalsgöttinnen, die über das Leben und seine Länge wachten. Eine spann den Lebensfaden, die zweite maß ihn zu und die dritte trennte ihn schließlich durch, wenn die Zeit abgelaufen war. Die Griechen der Antike wählten für ihre drei Schicksalsgöttinnen lediglich andere Namen, ansonsten erfüllten sie dieselbe Aufgabe. Ein östlicher Mythos sieht ebenfalls drei Göttinnen am Werke, von denen eine die Zahl der Atemzüge zuteilt, die andere sie abzählt und die dritte jene Menschen zurückholt, deren Atemzüge verbraucht sind. Das entspricht noch obendrein der ärztlichen Erfahrung, dass diejenigen, die hechelnd durchs Leben stürmen und ihre Atemzüge rasch verbrauchen, meist auch bald mit dem Leben fertig sind.

So verständlich es ist, mit Hilfe der Medizin Widerstand gegen das ständig drohende Schicksal des Todes zu leisten, so würdelos kann dadurch auch das Ende werden, wenn der Kampf nicht irgendwann aufgegeben und das Schicksal angenommen wird. Viele alte Menschen und auch auf den Tod erkrankte jüngere wollen nicht mehr essen und trinken und werden dann zuerst mit Nachdruck und schließlich mit Infusionen dazu gezwungen. So sehr ich als einer der Begründer der Wassertrink-Welle für die Notwendigkeit ausreichenden Trinkens einstehe, habe ich mich doch immer gefragt, ob es nicht besser wäre, den Wünschen sterbender Menschen in dieser Hinsicht nachzugeben.

Als langjähriger Fastenarzt weiß ich, wie sehr Essen und Trinken Leib und Seele zusammenhält. In verschiedenen längeren eigenen Fastenzeiten konnte ich erleben, wie wundervoll sich die Lösung der Seele vom Leib anfühlt und wie leicht und belebend Fasten auf mich und meine Kursteilnehmer wirkt. Seit ich mich vor Jahren einige Zeit auf Lichtnahrung beschränkte und während der Eingangswoche auch auf Trinken verzichtete, weiß ich, wie viel auch der zweite Teil des Sprichwortes bringen kann. Auch wenn ich die Lichtnahrung nicht generell empfehlen kann, werde ich doch für mich in der Schlussphase meines Lebens sicher wieder auf beides verzichten, um meiner Seele die Lösung zu erleichtern und ihr diese erhebenden Erfahrungen neuerlich zu ermöglichen. Von einem Schweizer Freund und Kollegen hörte ich, dass man dort bereits Sterbenden mit wundervollen Ergebnissen erlaubt, wenn sie es wollen, Essen und Trinken einzustellen und sich so diesen letzten Übergang zu erleichtern.

Nach allem, was ich bis jetzt über das Sterben weiß und mit Menschen an Lichtnahrungserfahrungen geteilt habe, liegen hier wundervolle Chancen. Typisch ist dabei wieder, wie einfach sie zu verwirklichen sind. Wir müssen nur aufhören, etwas zu tun, was nicht mehr an der Zeit ist. Es genügt, es sein zu lassen, uns sein zu lassen, um der Seele ihren Weg zu erleichtern.

Andererseits bin ich sehr dafür, unsere modernen Möglichkeiten zu nutzen, um das Sterben von Schmerzen zu befreien. Tatsächlich haben wir mit Morphium ein wirklich sehr potentes, wundervolles Mittel, das nach meinen Erfahrungen allen synthetischen Medikamenten vorzuziehen ist. Es ist wirklich unsinnig, etwa bei sterbenden Krebspatienten, an Schmerzmitteln zu sparen. Im engsten Kreis musste ich erleben, wie derselbe Oberarzt, der dem Sterbenden höchstens noch drei Monate einräumte, ihn mit Morphium kurzhielt. Auf meine Nachfrage wurde mir ganz entsetzt beschieden: „Ja, wollen Sie denn, dass der Herr Direktor auch noch süchtig wird?" Das wollte ich nicht ausdrücklich, aber natürlich war ich bereit, es billigend in Kauf zu nehmen. Die Zeit dieses letzten Lebensüberganges ist viel zu wichtig, um sie mit dem Aushalten von Schmerzen zu füllen.

Sich wissenschaftlich nennende Mediziner, die das verweigern, ähneln jenen, die die Homöopathie für unwirksam erklären und trotzdem das Mittel Opium D 30 nur gegen Betäubungsmittel-Rezept aushändigen lassen wollen.

DER KÖRPER ALS HÜLLE UND ÜBERBLEIBSEL

Die Wirklichkeit des Lebens ist das Leben selbst, das weder im Mutterleib beginnt noch im Grab endet. Die Jahre, die vergehen, sind nur ein Augenblick im Angesicht der Ewigkeit. Die Welt der Materie und alles, was zu ihr gehört, ist nur ein Traum im Vergleich zu dem Erwachen, das wir den Schrecken des Todes nennen.[7]

7 Kahlil Gibran, Worte wie die Morgenröte, Ideen, Freiburg 1999, S. 31.

Der von der Seele verlassene und zurückgebliebene Körper ist als Leichnam – aus spiritueller Sicht – nach dem Sterben unwichtig. Er hat für die Seele etwa die Bedeutung eines Hauses oder einer Wohnung, aus der sie ausgezogen ist. Sie interessiert sich einfach nicht mehr dafür und hat ungleich Wichtigeres zu leisten. Am besten wäre es, das überflüssig gewordene Körperhaus so rasch wie möglich den Elementen, aus denen es genommen wurde, zurückzugeben. Dabei ist es gleichgültig, ob wir das auf raschestem Weg über das Feuer bewerkstelligen, über das Wasser in einer Meeresbestattung, über das Luft-Element, wie es Tibeter und Parsen machen, oder über die Erde, wie es bei uns am üblichsten ist.

Dion Fortune plädiert für Feuer als schnellstem und sauberstem Weg, mit anschließendem Verstreuen der Asche – jedenfalls soll Staub wieder zu Staub werden. Aber auch die Idee eines „Friedwaldes", wo auf jedem Grab ein Baum gepflanzt wird, hat etwas Erhebendes.

Jedenfalls ist es unsinnig, den Leichnam möglichst lange unversehrt zu erhalten. Der Körper war wichtig, solange die Seele noch in diesem Haus wohnte, aber wenn der Seelenvogel endgültig davongeflogen ist, wird es wirklich unpassend, den zum Leichnam gewordenen Körper weiter zu erhalten. In dieser Hinsicht sind massive Eichenholzsärge und Einbalsamierungen eher ungeeignet. Beides zeugt vom Versuch, die Seele in einem Bereich festzuhalten, wo sie nicht mehr hingehört.

Aufgrund meiner Erfahrungen mit der Reinkarnationstherapie sind Beerdigungszeremonien weitestgehend uninteressant für die Seele und finden kaum noch Beachtung, schon gar nicht bei Seelen, die ihren Weg kennen. Sie kümmern sich um den zurückgelassenen Körper so wenig wie um ein verschlissenes Gewand, das sie abgeworfen haben, oder wie eine Schlange um ihre alte Haut. Nur wenn „moderne

Seelen" ihren Weg nicht finden und ihren Tod nicht fassen und annehmen können, ist es für sie manchmal hilfreich, bei der Bestattung mitzuerleben, dass das letzte Stündlein verpasst wurde und was die Glocke in Wirklichkeit geschlagen hat.

Moderne, auf alles Materielle fixierte Menschen kümmern sich oft fast ausschließlich um die verlassene Körperwohnung, vor allem wenn sie ein ganzes Leben dem Materiellen gewidmet haben. Einladungen, Todesanzeigen, das Fest-Essen, der Sarg, der Blumenschmuck, Kränze und was auf deren Schleifen steht, natürlich die Art des Grabes und die Formulierung der Aufschrift und nicht zuletzt das Erbe stehen verblüffend weit im Vordergrund und verbrauchen das Gros der Energie. Typische bürgerliche Beerdigungen sind im deutschsprachigen Raum heutzutage für die nahen Angehörigen eine solche von Stress beladene Belastung, dass oft viel zu wenig Zeit für die Seele und deren Heim- und Heilsweg bleibt, weder für die eigene noch für die der Vorangegangen. Das ist schade für beide und wäre zu überdenken.

BEWUSST ABSCHIEDNEHMEN

EXERZITIEN ZUM UMGANG MIT DEM TOD FÜR „ZURÜCKGEBLIEBENE“

Wenn du alle Geheimnisse
des Lebens gelöst hast,
sehnst du dich nach dem Tod,
denn er ist nur ein anderes Geheimnis
des Lebens.
Geburt und Tod sind die beiden edelsten
Ausdrücke für Tapferkeit.[8]

1. Widmen Sie sich doch einmal einem Sonnenuntergang im vollen Bewusstsein für das Sterben, das in diesem Bild so prächtig Gestalt annimmt. Dieses Ritual wirkt sogar, wenn es nur als chic empfunden wird, selbst wenn Sie auf Santorin oder Ibiza diesen Abschied in einem besonderen Cafe genießen. Wie viel wirksamer kann es werden, wenn es zur bewussten Meditation wird!

8 Kahlil Gibran, Worte wie die Morgenröte, Sand, Freiburg 1999, S. 48.

Es gibt kaum eine Gelegenheit, wo wir das Sterben so genießen können wie am Abend, wenn der Tag in einem Aufrausch von Farben Abschied nimmt und der Sonnenwagen sich anschickt, über den Horizont zu gehen. Aus diesem Abenteuer des Sterbens kann neuer Mut in uns wachsen für neues Leben.

2. Ein schönes Abschiedsritual im Kreise trauernder Hinterbliebener ergibt sich, wenn reihum jeder eine Geschichte erzählt, die ihn mit dem Verstorbenen verbindet und die ihm gerade jetzt im Moment des Abschieds wichtig ist. Da kann es auch ruhig zu Lachen und Ausgelassenheit kommen und die Tatsache gefeiert werden, dass die Hinterbliebenen noch leben, was ihnen besondere Chancen einräumt. Zusätzlich ließe sich ein schönes Essen im Sinne des katholischen Leichenschmauses zubereiten und genießen.

3. Gönnen Sie sich anlässlich dieses Abschieds einmal einen bewussten Rückzug aus dem eigenen Alltag, um die spirituelle Begleitung des Vorausgegangenen im Sinne einer Totenwache zu übernehmen. So wie man die Zeit des Sterbens begleitet hat, lässt sich auch noch die weitere Zeit der anstehenden Übergänge mit Bewusstheit füllen in dem Gedanken, dem Vorausgegangenen zu folgen – wenn die eigene Zeit gekommen ist.

4. Besuche am Grab, am besten zur Zeit der Abenddämmerung, könnten ein berührendes Ritual werden und die Erinnerung an den Vorausgegangen wachhalten. Ebenso können sie die Verbindung zur eigenen Lebendigkeit vertiefen und die Chance bewusst machen, die darin liegt, noch über einen Körper zu verfügen.

Wer das Tagesende in seiner Symbolik miterlebt, kann den Weggang des Angehörigen oder Freundes bewusst nochmals erleben, ihm Energie und Achtsamkeit schicken, ihn segnen oder ihm die hinduistische Variante von *Deeksha* senden.

5. Eine schöne Übung ist es auch, seine persönliche Geschichte mit dem Vorausgegangenen zu schreiben, zu dichten, zu malen oder ihm in Briefen all das noch Ungesagte mitzuteilen, solange es nicht im Sinne des Bindens geschieht. Jetzt ist noch Zeit, ihm bewusst all das zu wünschen, was er jetzt noch benötigt, um sich zu lösen und seinen Weg zu finden.

6. In der Gestaltarbeit hat sich folgendes Abschiedsritual bewährt: Wir denken uns den Toten auf einem leeren Stuhl neben uns, ohne ihn zu visualisieren, und erzählen ihm, was wir zeitlebens nicht oder nicht angemessen ausgedrückt haben, und versichern ihn unserer Wertschätzung und Achtung.

7. Auch Gedenkzeiten mit der Lieblingsmusik des Vorausgegangenen oder seinen bevorzugten Gedichten können beiden Seiten helfen, den Gegangenen und den Zurückgebliebenen. Im gemeinsamen Schweigen und Energie-Senden der Verstorbenen zu gedenken, indem alle ihre Energie zusammenbringen, kann ebenfalls eine schöne Übung sein.

WEGZEHRUNG FÜR DIE SEELE

„Der Tod ist kein finsterer König der Schrecken, kein Skelett mit Sense, mit der er den Lebensfaden zerschneidet, sondern eher ein Engel im Besitze eines goldenen Schlüssels, mit dem er uns das Tor zu einem reicheren und höheren Leben öffnet."

Charles W. Leadbeater

Die ideale Begleitung wäre die eines so wissenden Seelenführers wie des tibetischen Lamas, der die Zeiten des Übergangs kennt und durch seine geistig-seelische Schulung so medial geworden ist, um zu spüren, wo die Seele ist und was sie benötigt. Aber auch christliche Gebete und Messen können und sollen diesen Übergang erleichtern und unterstützen das Wandeln im Kreise der eigenen Bilder. Ein Requiem, wie das von Mozart, kann in seiner ganzen Länge viele dieser Elemente ins Schwingen bringen, selbst wenn wir uns dessen nicht so bewusst sind wie der Lama. Bewusst aufgestellte Kerzen und Blumen, aber auch Räucherwerk helfen ebenfalls.

Wir haben im Rahmen der Reinkarnations-Therapie immer wieder gestaunt, wie sich auch Seelen aus Körperwohnungen, die gar nicht der katholischen

Oberhoheit unterstanden, entsprechende Seelenmessen wünschten. Und Gott sei Dank haben katholische Geistliche sie gelesen.

Natürlich können und sollen solche Messen der Seele den Gang durch die eigenen astralen Bildergalerien nicht ersparen. Sie erleichtern aber offenbar den Durchgang, weil sie Energie für die weiteren Übergänge zur Verfügung stellen. Ähnlich können liebevoll begleitende Gedanken der Zuwendung diese notwendigen Schritte erleichtern. Ob wir die entsprechende Geisteshaltung als Gebet oder Meditation bezeichnen, ist dabei weniger wichtig.

Zu unterlassen ist lediglich alles, was den Fortschritt der Seele stoppt und sie auf ihrem Weg aufhält. So ist es beispielsweise nicht sinnvoll, sich die Seele weiterhin im Körper und als verkörpertes Wesen vorzustellen. Es macht auch keinen Sinn, ausgerechnet jetzt Bilder vom Verstorbenen in jener Gestalt aufzustellen oder zu verteilen, die er gerade erfolgreich abgelegt hat. Das ist ein wenig so, als würde man jemanden, der gerade promoviert hat, auf dessen

Promotionsfeier ständig als Student anreden. So wie der Verschiedene nun wirklich von seinem Körper unterschieden ist und ihn hinter sich gelassen hat, sollten die Angehörigen das respektieren und auch in ihrer Gedankenwelt so gestalten.

Ähnliches gilt in verschärfter Weise für mediale Sitzungen, mit dem Ziel, weiterhin Kontakt zur Seele aufrechtzuhalten. Diese Kommunikation kann wundervoll über Gefühle und Zuwendung laufen, sollte aber keinesfalls wieder körperliche Formen ins Spiel des Lebens bringen, wo jetzt doch ein ganz anderes Spiel ansteht. Mit solchen Aktionen binden bedürftige Angehörige aus eigener Schwäche und letztlich Eigennutz die reisewillige Seele an einen alten, überlebten und in den meisten Fällen weitestgehend verbrauchten Körper. So wird die Seele beschwert und an ihrem Fortschritt gehindert.

Ungleich sinnvoller und sogar hilfreich ist es, sich in aller Stille und Sammlung auf die unsterbliche Seele zu beziehen, die nun auch nach Auffassung aller Hochreligionen eindeutig in den Vordergrund tritt und den Vortritt haben sollte. Musik und bewusst geopferte Od-Spender, wie Blumen und Kerzenlicht, Weihrauch und anderes Räucherwerk, sind tatsächlich hilfreich.

Gut vorbereitet auf ihren Weg von einer Ebene zur anderen, durch einen Vorhang nach dem anderen und für das Durchwandern aller anstehenden Erlebnisräume, sind natürlich jene Seelen, die bereits auf Erden an den zu bewältigenden Übergängen offensiv geübt und sich entsprechend mutig und vorwärtsstrebend und -sterbend bewährt haben, und auf deren Grabstein eben stehen könnte: „Sie lebte noch, als sie starb."

DAS LIED VON DER ANDERWELT

Es gibt einen See in der Anderwelt,
drin sind alle Tränen vereint,
die irgendjemand hätt' weinen sollen
und hat sie nicht geweint.

Es gibt ein Tal in der Anderwelt,
da geh'n die Gelächter um,
die irgend jemand hätt' lachen sollen
und blieb stattdessen stumm.

Es gibt ein Haus in der Anderwelt,
da wohnen die Kinder beinand'
Gedanken, die wir hätten denken sollen
und waren's nicht imstand.

Und Blumen blüh'n in der Anderwelt,
viel Dunkles wird sonnenklar,
denn alles wartet dort auf uns,
was hier nicht möglich war.[9]

9 Michael Ende, Trödelmarkt der Träume, München 2006, S. 99.

Danksagung

Für Anregungen und Ideen danke ich
Dorothea Neumayr und meiner Partnerin
Rita Fasel, für Korrekturen Christa Maleri und
Gunhilde Kircovics sowie Christiane Hobert.

Literatur und CDs zum Thema von Ruediger Dahlke beim Goldmann Verlag:

- „Das Schattenprinzip – Aussöhnung mit unserer verborgenen Seite“ (Buch + CD)
- „Die Schicksalsgesetze – Spielregeln fürs Leben: Polarität – Resonanz – Bewusstsein“
- „Depression – Wege aus der dunklen Nacht der Seele“ (Buch und CD)
- 3 CDs zum Buch „Das Gesetz der Polarität“, „Das Gesetz der Entsprechung“, „Bewusstseins-Felder“; CD „Schattenarbeit“
- „Lebenskrisen als Entwicklungschancen“

Weitere Veröffentlichungen: www.dahlke.at
Info: www.dahlke.at und www.mymedworld.cc

Ruediger Dahlke
Störfelder und Kraftplätze
Wie man die einen beseitigt
und die anderen nutzt

Ein viel zu wenig beachtetes Phänomen unserer Zeit! Ein entscheidender Beitrag zur Auflösung schädlicher Energiefelder und zur Nutzung von Kraftplätzen.
Aufgrund seiner Zusammenarbeit mit dem Radiästhesisten Adolf Wiebecke analysiert Ruediger Dahlke im Detail, auf welche Weise das Resonanzgesetz im Umgang mit Störfeldern und Kraftplätzen zum Tragen kommt. Es ist ein seltsames Phänomen, dass manche Menschen immer wieder bestimmte gestörte Zonen aufsuchen. Es scheint fast so, als gäbe es eine geheimnisvolle Anziehung. Dieses Geschehen führt in der Folge in vielen Fällen dazu, dass sich bestimmte Krankheiten entwickeln.
Dr. Dahlke zeigt die dafür ursächlichen geistigen Gesetzmäßigkeiten auf und beschreibt zugleich die technischen Mittel, die Forscher wie Adolf Wiebecke entwickeln, um äußere Störungen zu beseitigen und die positive Energie von Kraftplätzen zu nutzen. Aus diesen Beobachtungen leitet sich eine beeindruckende Dokumentation des Gesetzes „Wie innen – so außen. Wie außen – so innen“ ab.
Dieses Buch ist nicht nur ein wesentlicher Beitrag zum Verständnis der Lebensgesetze, sondern es ist auch ein konkreter Ratgeber, um Störfelder im eigenen Lebensumfeld ausfindig zu machen und zu beseitigen sowie die segensreichen Energien von Kraftplätzen zu nutzen!

ISBN: 978-3-86191-037-4, 220 Seiten, Hardcover
Crotona Verlag • www.crotona.de